V&R

Hamburger Beiträge zur Psychotherapie der Suizidalität

herausgegeben vom
Hamburger Therapiezentrum für Suizidgefährdete (TZS)

Band II:
Paul Götze/Monika Richter (Hg.):
Aber mein Inneres überlaßt mir selbst. Verstehen von suizidalem Erleben und Verhalten

Paul Götze/Monika Richter (Hg.)

Aber mein Inneres überlaßt mir selbst

Verstehen von suizidalem Erleben und Verhalten

Vandenhoeck & Ruprecht
in Göttingen

Die Deutsche Bibliothek – CIP-Einheitsaufnahme

Aber mein Inneres überlaßt mir selbst :
Verstehen von suizidalem Erleben und Verhalten /
Paul Götze/Monika Richter (Hg.). –
Göttingen: Vandenhoeck & Ruprecht, 2000
(Hamburger Beiträge zur Psychotherapie der Suizidalität; Bd. 2)
ISBN 3-525-45900-9

Satz: Fotosatz 29b, Göttingen
Schrift: Times
Druck und Bindung: Hubert & Co., Göttingen

Inhalt

Vorwort

Der vorliegende zweite Band der Hamburger Beiträge zur Psychotherapie der Suizidalität enthält z. T. erheblich erweiterte und eingehend bearbeitete Vorträge, die auf Einladung des Therapiezentrums für Suizidgefährdete an der Hamburger Universität gehalten wurden. Den Autoren gilt daher unser besonderer Dank. Die Beiträge greifen Themen auf, die in der Suizidforschung bisher selten oder nur am Rande Erwähnung fanden und doch für das Verständnis und für die Behandlung suizidalen Erlebens und Verhaltens von zentraler Bedeutung sind. Es sind Beiträge zur Suizidalität der Frauen, zur Bedeutung präödipaler Störungsanteile, zu den Beziehungsmustern in der initialen Phase ambulanter Kurzpsychotherapie mit suizidalen Patienten und zur Bedeutung des suizidalen Agierens für die Behandlung bei schweren strukturellen Störungen.

Ausgehend von der Mythologie über die Literatur bis hin zur Psychoanalyse zeichnet *Christa Rohde-Dachser* die assoziative Gleichsetzung von Frau, Natur und Tod durch den Mann.

Margarete Berger geht davon aus, daß die wenigen wissenschaftlichen Untersuchungen zur Suizidalität bei Frauen vorwiegend von männlichen Autoren stammen, gleiches sei in der Literatur zu beobachten. Frau Berger unternimmt den Versuch, anhand einiger Texte von Sophokles, Goethe und Kleist auf die Komplexität literarischer Imaginationen zur Suizidalität bei Frauen durch männliche Autoren hinzuweisen.

Benigna Gerisch nimmt eine kritische Sichtung der traditionellen wissenschaftlichen Erklärungsmodelle zum Suizidverhalten vor, die auf ihre impliziten und expliziten Thesen zur weiblichen Suizidalität hin befragt werden. Frau Gerisch kommt zu dem Schluß, daß die vermeintlich objektiven Fakten zum geschlechtsspezifischen Suizidverhalten eine Reproduktion von Geschlechtsrollenstereotypien sind.

Jürgen Kind vertritt in seinem Beitrag über die Bedeutung präödipaler Störungsanteile für das Verständnis und den Umgang mit suizidalen Krisen den Ansatz, daß Suizidalität als ein psychisches Regulationssystem aufgefaßt werden könne, das in einer kritischen intrapsychischen oder interpersonellen Situation wiederum eingreift, um eine Verschärfung der Krise zu verhindern. Kind betont also im destruktiven suizidalen Verhalten die unbewußten konstruktiven Aspekte in der Bewältigung einer seelischen Krise.

Tilman Grande stellt eine empirische Studie vor, in der es um die Herausarbeitung von suizidalen Beziehungsmustern in der initialen Phase ambulanter Kurzpsychotherapien mit suizidalen Patienten geht. Grandes Anliegen ist es, einerseits über das Erkennen eines bestimmten initialen Beziehungsverhaltens zu einem besseren Verständnis der Problematik des Patienten zu kommen und andererseits für die therapeutische Arbeit einen thematisch umschriebenen Ansatz als Voraussetzung für eine Kurzpsychotherapie herausarbeiten zu können.

Anhand eines Fallbeispiels beschäftigt sich *Rolf Klüwer* im Rahmen einer Kurzzeittherapie mit dem traditionellen psychoanalytischen Begriff des Agierens und erweitert diesen. Das suizidale Agieren als Ausdruck unbewältigter emotionaler Erfahrung mit einem überdurchschnittlichen Anteil schwerer traumatischer Störungen erfordert daher nach Klüwer einen anderen technischen Umgang als bei neurotischen Störungen, weil es sich nicht um die Deutung eines Konflikts, sondern um das Erkennen und das Annehmen des Traumas geht.

Wie Klüwer diagnostiziert *Udo Rauchfleisch* im Agieren dissozialer Persönlichkeiten eine Inszenierung innerer Konflikte in der Außenwelt, bei der oft eine schwere, in der sozialen Realität erfahrene Traumatisierung festzustellen ist. Zusammen mit einer zumeist erheblichen narzißtischen Störungskomponente produziert dieses Agieren massive Probleme für den Therapeuten, weil es zu schwierigen negativen Gegenübertragungen kommt. Bestimmte therapeutische Konsequenzen sind deshalb entscheidend, um die im Agieren liegenden Botschaften zu entschlüsseln und konstruktiv zu reagieren.

Die Herausgeber würden sich freuen, wenn auch dieser Band der Hamburger Beiträge zur Psychotherapie der Suizidalität Anklang findet und der Leserin und dem Leser Anregungen für das theoretische Verständnis und für den therapeutischen Umgang mit der Suizidalität in der Psychotherapie geben kann.

Schließlich möchten wir uns bei den Kollegen des Therapiezentrums bedanken, die bei der Organisation und Durchführung der Vortragsveranstaltungen beteiligt waren.

Paul Götze und Monika Richter

Christa Rohde-Dachser

Das Weibliche als Symbol des Thanatos

Weiblichkeit als zentrale Todesmetapher

Die Frau und Mutter ist in der unbewußten Phantasie des Menschen nicht nur die Quelle des Lebens. Das »Große Weibliche« gebiert als nächtlicher Abgrund des Lebens und der menschlichen Psyche auch den Tod mit all seinen Schreckgestalten (Neumann 1956, S. 148). Denn »wenn Welt, Leben, Natur und Seele als gebärendes und nährendes, als schutzgebendes und wärmendes Weibliches erfahren werden, dann wird auch der Gegensatz dazu am Bild des Weiblichen erlebt, und die Menschheit erfährt Tod und Abgrund als Preisgegebensein an die dunkle und furchtbare Mutter« (Neumann, S. 148).

Auch Freud spricht von den großen Muttergottheiten, die alle ebenso Zeugerinnen wie Vernichterinnen des Lebens waren, Göttinnen des Lebens und der Befruchtung ebenso wie Göttinnen des Todes (Freud 1913, S. 34). Die Todesgöttin, gleich in welcher Gestalt, ist unheimlich und furchterregend; die Mutter, die Leben gebärt, ehrwürdig und vertraut: Gegensätze also, die das Unbewußte offenbar nicht als solche empfindet, sonst würden sie uns nicht in dieser Gleichläufigkeit immer wieder begegnen. Es scheint sich um eine tief im Menschen wohnende Furcht zu handeln, im weiblichen Schoß wieder zu vergehen oder vernichtet zu werden, wenn man dorthin zurückkehrt (vgl. Chasseguet-Smirgel 1984, S. 40). Diese Furcht ist mit der Sehnsucht gepaart, sich in der ursprünglichen Einheit aufzulösen. Freud selbst spricht davon, daß Männer das weibliche Genitale oft als etwas Unheimliches erleben. »Dieses Unheimliche ist aber der Eingang zur alten Heimat des Menschenkindes, zur Örtlichkeit, in der jeder einmal und zuerst geweilt hat. ›Liebe ist Heimweh‹, behauptet ein Scherzwort, und wenn der Träumer von einer Örtlichkeit oder Landschaft noch im Traume denkt: Das ist mir bekannt, da war ich schon einmal, so darf die Deutung dafür das Genitale oder den Leib der Mutter einsetzen« (Freud 1919, S. 259).

Eine solche Perspektive eröffnet auch den Zugang zu jenen Metaphern des Todes, in denen der Tod als liebende Umarmung dargestellt wird – als liebende Umarmung einer Frau, in der das Verlöschen im Tod sich mit der Verheißung der Wiedergeburt paart. Groddeck (1923) spricht davon, daß Himmel und Hölle abgeleitet sind »vom Sterben des Mannes in der Umarmung, vom Austreten seiner Seele in den Schoß des Weibes, entweder mit der Hoffnung auf eine Auferstehung nach drei mal drei Monaten im Kinde oder mit der Angst vor ungelöschten Feuern der Begierde. Tod und Liebe sind eins, da ist kein Zweifel« (Groddeck 1923; zit. nach Macho 1987, S. 276). Solche Zuschreibungen des Todes an das Weibliche sind das Produkt männlicher Phantasien, die sich auf vielfältige Weise mit der Verleugnung des Todes und männlichen Unsterblichkeitsvorstellungen verschränken. Das Weibliche wird dabei zum Container des Todes, die Sicherung des (männlichen) Unterschieds zu diesem Ort zu einer elementaren Überlebensgarantie.

Luigi de Marchi, der in der Erkenntnis von der Gewißheit des eigenen Todes den Urschock des Menschen sieht und die menschliche Kulturentwicklung als einen einzigen Versuch beschreibt, diesen Urschock zu bewältigen, argumentiert in eine ähnliche Richtung. Die Gleichsetzung von Sexualität und Schmutz in der Geschichte des christlichen Abendlandes und die Verknüpfung von beidem mit der Sphäre des Weiblichen stellen für ihn eine Variante menschlicher (männlicher) Strategien im Dienst der Todesverdrängung dar. Die abendländische Geschichte der Menschheit, in der die Verantwortung für den Sündenfall und folglich auch für den Tod eindeutig der Frau zugewiesen wird, kann auch auf dieser Folie gelesen werden (de Marchi 1984, S. 39).

Die Gleichung: Frau = Natur = Tod

Die Zuweisung des Todes an die Frau hat in der Kultur des Abendlandes eine lange Geschichte. Sie entspricht der Dichotomie von Logos und Natur, die seit Platon die abendländische Geistesgeschichte prägt (vgl. Merchant 1980; Keller 1985; v. Braun 1985); darin wird der Frau der Part der Natur, also das Nichtgeistige, zugeordnet. Natur aber ist sterblich, während der Geist den Naturgesetzen enthoben ist, also auch dem Gesetz des Todes. Der Geist, der seine Nichtidentität mit Schleim und Blut gesichert sehen möchte (Dinnerstein 1976, S. 193), benötigt aber den Körper der Frau als seinen »natürlichen« Gegenpol. Die Tragik dieser Spaltung des Geistes vom Körper liegt darin, daß es eine Existenz des Geistes ohne den menschlichen Körper nicht geben kann. Oder, um mit Brown (1962) zu sprechen: »Die Zurückweisung des Körpers ändert nichts daran und kann nichts daran ändern, daß das Leben im Körper das einzige ist, das wir haben, und das Unbewußte hält an der Wahrheit fest und vollzieht die Zurückweisung niemals« (Brown 1962, zit. nach Dinnerstein 1976, S. 175). Der morbide Versuch, sich vom Körper zu lösen, kann deshalb allenfalls zu einer morbiden Faszination am Tod des Körpers führen, der dann immer ein »fremder« Tod ist, oder aber zur Degradierung des Körpers auf das höchstmögliche Ausmaß des Nichtgeistigen, die Ebene der Kloake, der Exkremente (vgl. Dinnerstein, S. 175).

Der Roman »Homo faber« von Max Frisch (1957), der die allmähliche Annäherung eines Mannes an seinen Tod beschreibt, gibt diese Degradierung des Weiblichen auf die Ebene von Schleim, Blut und Tod in eindrucksvollen Bildern wieder. Zwei Männer sind hier auf einer Fahrt im Dschungel zu einem ungewissen Ziel. »Was mir auf die Nerven ging:«, so läßt Frisch den Erzähler sagen, »in jeder Eintagspfütze ein Gewimmel von Molchen – überhaupt diese Fortpflanzerei überall, es stinkt nach Fruchtbarkeit, nach blühender Verwesung. Wo man hinspuckt, keimt es!« (Max Frisch 1957, S. 51). »Der Morgen war heiß und dampfig, die Sonne schleimig wie je, die Blätter glänzten, und wir waren naß von Schweiß und Regen und Öl, schmierig wie Neugeborene. Ich steuerte; ich weiß nicht, wie wir mit unserem Landrover durch den Fluß kamen;

aber wir kamen hindurch und konnten es nicht fassen, daß wir je in diesem lauen Wasser mit fauligen Bläschen geschwommen sind. Es spritzte der Schlamm nach beiden Seiten, wenn wir durch die Tümpel fuhren, diese Tümpel im Morgenrot – einmal sagte Marcel: *Tu sais que la mort est femme!* Ich blickte ihn an, *et que la terre est femme!* sagte er, und das letztere verstand ich, denn es sah so aus, genauso, ich lachte laut, ohne zu wollen, wie über eine Zote« (S. 68f.).

Es scheint, als würden bestimmte, mit dem männlichen Körpererleben zusammenhängende Phantasien derartigen Projektionen Vorschub leisten. Aus Kestenbergs (1968) Beschreibung männlicher Körperphantasien geht hervor, daß Knaben (wie vermutlich auch später noch mancher erwachsene Mann) ihr eigenes Körperinneres unbewußt leicht als bedrohlich erleben, so, als würde das Körperinnere von unberechenbaren Kräften dirigiert, die unter anderem auch die Erektion bewirken. Gleichzeitig wird der männliche Körper im Gegensatz zum Körper der Frau als geschlossenes System erlebt, wobei die Geschlossenheit des Körpers auch die Garantie für seine Intaktheit ist. In seinen unbewußten Phantasien entledigt sich der Knabe all dieser Schrecken dadurch, daß er alles, was mit bedrohlichen Körpererfahrungen zu tun hat, den Tod eingeschlossen, aus sich hinausprojiziert. Das erste Ziel dieser Projektion ist sein äußeres (männliches) Genitale; das vorher »Namenlose« verwandelt sich dabei in Kastrationsangst, die zur Unterwerfung unter den Vater führt und auf diese Weise überwunden werden kann – ich werde darauf später noch genauer eingehen. Die Umlenkung bedrohlicher Körperphantasien führt aber noch weiter, und zwar vom eigenen Körper fort, auf die Frau und deren Körperinneres. »Weiblichkeit geht in diesem Prozeß eine enge assoziative Verknüpfung mit blutigen Löchern ein, Männlichkeit mit Intaktheit« (Kestenberg 1968, S. 506; Übersetzung C. R.-D.).

Der weibliche Körper wird dabei als mit einem »blutigen Loch« versehen erlebt, das in diesem Zusammenhang eine doppelte Bedeutung bekommt: Das »blutige Loch« ist in der männlichen Phantasie einmal das Bild einer Kastrationswunde, die dem Mann signalisiert, daß die Frau die Kastrierte ist, er selbst jedoch körperlich intakt. Gleichzeitig ist dieses Loch aber auch der Eingang in das Körperinnere der Frau und damit nicht nur ein Symbol für die Möglichkeit der Lusterfahrung. Es führt hinein in einen Körper, der alle Geheimnisse des eigenen (projizierten) Körperinneren birgt: die dort wirksamen Kräfte des Steigens und des Absturzes (vgl. May 1966) ebenso wie die der Zerstörung und des Todes. Im Körperinneren der Frau kann beides ergründet werden. Wo immer der männliche Faust zu der Erkenntnis vordringen möchte, »was die Welt im Innersten zusammenhält«, hier ist die Richtung vorgezeichnet, die diese Suche nimmt. Tief ins Unbewußte beider Geschlechter scheint die Phantasie eingebettet zu sein, daß nicht nur die Geheimnisse des Lebens im weiblichen Körper verborgen liegen, sondern damit verbunden immer auch das Geheimnis des Todes (vgl. Rohde-Dachser 1991, S. 119). Der Geist kann sich auf diese Weise von der mit Tod gleichgesetzten Natur entfernen, soweit dies ihm immer möglich ist: Das eherne Naturgesetz, dem jeder Mensch unterliegt, holt ihn früher oder später ein, um ihm den Tod auf unerbittliche Weise abzufordern.

»Der Natur einen Tod schuldig sein« – Freuds Auseinandersetzung mit der Gewißheit des Todes

Freud selbst hat in seinem Buch »Die Traumdeutung« davon gesprochen, wie die Vorstellung in ihm entstand, der Natur einen Tod schuldig zu sein. »Als ich sechs Jahre alt war und den ersten Unterricht bei meiner Mutter genoß, sollte ich glauben, daß wir aus Erde gemacht sind und darum zur Erde zurückkehren müssen. Es behagte mir aber nicht und ich zweifelte die Lehre an. Da rieb die Mutter die Handflächen aneinander – ganz ähnlich wie beim Knödelmachen, nur daß sich kein Teig zwischen ihnen befindet – und zeigte mir die schwärzlichen Epidermisschuppen, die sich dabei abreiben, als eine Probe der Erde, aus der wir gemacht sind, vor. Mein Erstaunen über diese Demonstration ad occulos war grenzenlos und ich ergab mich in das, was ich später in den Worten ausgedrückt hören sollte: Du bist der Natur einen Tod schuldig« (Freud 1900, S. 211). Später, in seinen Vierzigern, träumt Freud dann seinen berühmten Parzentraum: »Ich gehe in eine Küche, um mir Mehlspeise geben zu lassen. Dort stehen drei Frauen, von denen eine die Wirtin ist und etwas in der Hand dreht, als ob sie Knödel machen würde. Sie antwortet, daß ich warten soll, bis sie fertig ist. … Ich werde ungeduldig und gehe beleidigt weg« (Freud 1900, S. 210).

An diesen Traum schließen sich verschiedene Einfälle Freuds an, unter anderem die Erinnerung an einen Roman, bei dem der Held zum Schluß in Wahnsinn verfällt und beständig die drei Frauennamen ruft, die ihm im Leben das größte Glück und das größte Unheil bedeutet haben. Freud verknüpft diesen Einfall mit den drei Parzen, die das Geschick des Menschen spinnen, »und ich weiß, daß eine der drei Frauen, die Wirtin im Traum, die Mutter ist, die das Leben gibt, mitunter auch, wie bei mir, dem Lebenden die erste Nahrung« (S. 211). Die anschließende Kindheitserinnerung verrät, wie in Freuds unbewußter Phantasie die Mutter, »die das Leben gibt«, auch die Todesbotschaft bringt. Von da an begleitet ihn nach seinen eigenen Worten das Wissen, der Natur einen Tod schuldig zu sein – wohlgemerkt: der Natur, während man aufgrund der Traumschilderung eigentlich vermuten müßte, daß es die Mutter ist, die den Tod einfordert. Freud hat das Zitat einem Stück von Shakespeare, »Heinrich IV«, entnommen (vgl. Anzieu 1988, S. 317) und dabei das Wort »Gott« durch »Natur« ersetzt. Für Freud ist es die Natur, die den Tod einfordert, also ausdrücklich nicht die Mutter. Daß diese »Natur« in seinem Werk assoziativ aber eng mit Weiblichkeit verknüpft ist, läßt sich an vielen Stellen erkennen. Ich werde im folgenden lediglich auf Freuds kulturtheoretische Schriften, und hier insbesondere auf »Das Unbehagen in der Kultur« (Freud 1930), eingehen.

In diesem Aufsatz begegnen wir einer durchgehenden Gleichsetzung von Männlichkeit und Kultur auf der einen, Weiblichkeit und Natur auf der anderen Seite. Die Kultur hat dabei die Aufgabe, sich gegen die Bedrohungen der Natur durchzusetzen, sie zu besiegen und den kulturellen Zielen untertan zu machen. Freuds kulturkritisches Werk ist von der Vorstellung eines Kampfes der (männlich konnotierten) Kultur gegen die (weiblich konnotierte) Natur durchzogen. Von dieser Natur sagt Freud, »sie bringt uns um, kalt, grausam, rücksichtslos, wie uns scheint, möglicherweise gerade bei den Anlässen unserer Befriedigung« (Freud 1930, S. 336). Die Hauptaufgabe der Kultur, ihr eigentlicher Daseinsgrund, sei deshalb, uns gegen die Natur zu verteidigen. Niemand solle aber glauben, daß die Natur schon jetzt bezwungen sei: Sie, zu der neben der Übermacht der Elemente über menschliches Kulturwerk auch »das schmerzliche Rätsel des Todes« gehöre, steht »wider uns auf, großartig, grausam, unerbittlich, rückt uns wieder unsere Schwäche und Hilflosigkeit vor Augen, der wir uns durch die Kulturarbeit zu entziehen gedachten« (S. 337). In dieser Vorstellung erscheint die Drohung des Todes, verkörpert in der Natur (der Frau), als eine allgegenwärtige.

An anderer Stelle wird Freuds Begriff des »Es«, das im Gegensatz zum Ich und Über-Ich fast immer weiblich konnotiert wird, unmittelbar mit der Vorstellung des Thanatos in Verbindung gebracht, einem Begriff, den Freud erstmals 1920 in die psychoanalytische Theorie einführte. Was ist, so fragt er in seinem Aufsatz »Jenseits des Lustprinzips«, das Endziel allen organischen Strebens? »Es muß ein alter, ein Ausgangszustand sein, den das Leben einmal verlassen hat, und zu dem es über alle Umwege der Entwicklung zurückstrebt. Wenn wir es als ausnahmslose Erfahrung annehmen dürfen, daß alles Leben aus inneren Gründen stirbt, ins Anorganische zurückkehrt, so können wir nur sagen: Das Ziel allen Lebens ist der Tod, und zurückgreifend: Das Leblose war früher da als das Lebende« (S. 40). Für Freud dient das gesamte Triebleben auf diese Weise der Herbeiführung des Todes (S. 41). Drei Jahre später sagt Freud über das »Es«, daß dort Eros und Todestrieb miteinander kämpfen. Für ihn steht das Es dabei unter der Herrschaft der stummen, aber mächtigen Todestriebe, die Ruhe haben und den Störenfried Eros nach den Winken des Lustprinzips zur Ruhe bringen wollen (Freud 1923, S. 289).

In scheinbar schroffem Gegensatz dazu steht Freuds wiederholte Feststellung, daß das Unbewußte den Tod nicht kennt. »Also unser Unbewußtes glaubt nicht an den eigenen Tod, es gebärdet sich wie unsterblich. Was wir unser ›Unbewußtes‹ heißen, die tiefsten, aus Triebregungen bestehenden Schichten unserer Seele, kennt überhaupt nichts Negatives, keine Verneinung – Gegensätze fallen in ihm zusammen – und kennt darum auch nicht den eigenen Tod, dem wir nur einen negativen Inhalt geben können. Dem Todesglauben kommt also nichts Triebhaftes in uns entgegen« (Freud 1915, S. 351). Und noch 1926, nachdem Freud bereits »auf einer rein logischen, theoretischen Ebene die Existenz eines Todestriebes in Verbindung mit seinem Antipoden, dem Lebenstrieb, postuliert hatte« (Wangh 1985), schrieb er: »Im Unbewußten ist aber nichts vorhanden, was unserem Begriff der Lebensvernichtung Inhalt geben kann« (Freud 1926, S. 160).

Der hier aufscheinende Widerstreit zwischen Todesbejahung und Todesverleugnung durchzieht Freuds Werk wie ein heimlicher roter Faden. Wenn wir davon ausgehen, daß jeder Mensch zusammen mit der Todesgewißheit auch Unsterblichkeitsphantasien entwickelt (so etwa Lifton 1979), dann können wir auch innerhalb der Psychoanalyse nach solchen Unsterblichkeitsphantasien suchen. Wir finden sie dort vor allem in der subtilen Verknüpfung von Kastrationsangst und Todesangst, die auch bedeutet, daß beide – die Todesangst ebenso wie die Kastrationsangst – mit den gleichen Mitteln überwunden werden können.

Die Identifizierung (des Knaben) mit dem Vater als Freudsche Unsterblichkeitsphantasie

Für Freud stellt die Kastration eine Bedrohung dar, die vorstellbar ist, zum Beispiel durch die tägliche Erfahrung der Trennung vom Darminhalt und durch den Verlust der mütterlichen Brust im Zusammenhang mit der Entwöhnung. Etwas dem Tod Ähnliches ist aber nie erlebt worden oder hat, wie die Ohnmacht, keine nachweisbare Spur hinterlassen (Freud 1926, S. 160). Freud zieht aus dieser Beobachtung die Schlußfolgerung, daß die Todesangst der Kastrationsangst nachgebildet ist (und nicht umgekehrt). Die tiefste, ursprünglichste, »eigentliche« Angst des Menschen (des Mannes?) ist für Freud die Kastrationsangst. Sie gilt einem vorstellbaren Ereignis, während der Tod ein unvorstellbares Ereignis ist. Die Todesangst werde von der menschlichen Psyche deshalb als Analogie konstruiert. Das Modell, an dem sich dieser Analogieschluß vollzieht, ist die Kastrationsangst. Das bedeutet aber auch, daß die für die Kastrationsangst typischen Bewältigungsstrategien auch für die Todesangst Gültigkeit besitzen.

Die Kastrationsangst wird von Freud als ein Konflikt zwischen dem Ich und dem Über-Ich verstanden, wobei das Über-

Ich als väterliche Instanz beschrieben wird. Die Bewältigung der Kastrationsangst erfolgt auf dem Wege der Unterwerfung unter diese väterliche Instanz. Durch die Identifizierung mit dem »Gesetz des Vaters« (d. h. dem Inzeztverbot) und dem damit verbundenen Verzicht auf die Erfüllung des Inzestwunsches kann der Junge seine Kastrationsangst überwinden. Die Identifizierung mit dem Vater bringt ihn in eine Position, in der er die Kastration nicht mehr zu erleiden braucht; er steht vielmehr jetzt auf der Seite der Macht, die sie zufügen kann (vgl. Snodgrass 1983). Dieses Modell der Angstbewältigung wird dann von der Kastrationsangst auf die Todesangst übertragen. Leben, so Freud, ist für das Ich gleichbedeutend mit Geliebtwerden, vom Über-Ich geliebt werden (vgl. Freud 1923, S. 288). Das Über-Ich, dessen Liebe hier mit Leben gleichgesetzt wird, ist für ihn aber der Niederschlag der Identifizierung des Sohnes mit dem Vater. Durch diese Identifizierung mit dem Vater wird nicht nur die Kastrationsangst vermieden, sondern – in der Gleichsetzung von Kastrationsangst und Todesangst – auch die Gewißheit des Todes. Man könnte auch sagen: Die Identifizierung mit dem Vater und der Verzicht auf die Erfüllung der auf die Mutter gerichteten inzestuösen Wünsche garantieren dem Ich in dieser Phantasie Unsterblichkeit, während Kastration und Tod mit Weiblichkeit verknüpft bleiben.

Gleichzeitig bleibt aber unsicher, wieweit die Macht des Vaters oder seiner Stellvertreter, der Götter (vgl. Freud 1927, S. 339), wirklich reicht. Freud selbst sieht diese väterliche Macht, welche die Schrecken der Natur bannen und mit der Grausamkeit des Todes versöhnen soll, deutlich eingeschränkt, denn »dem begabtesten Volk des Altertums dämmert die Einsicht, daß die Moira über den Göttern steht und daß die Götter selbst ihre Schicksale haben« (Freud 1927, S. 339). Freuds großes kulturkritisches Werk »Das Unbehagen in der Kultur« gerät auf diesem Hintergrund zu einer Beschreibung der Kulturentwicklung als einem ständigen Kampf zwischen Eros (dem Lebenstrieb) und Thanatos (dem Todestrieb), der sich mit Eros die Weltherrschaft teilt. »Dieser Kampf ist der wesentliche Inhalt des Lebens überhaupt« (Freud 1930, S. 481).

Die Konservierung des Weiblichen im Tode

Das Weibliche, das den Tod vertritt, kann aber nicht ausschließlich der Vernichtung anheimgegeben werden. Es muß gleichzeitig konserviert werden – um so seine Schönheit zu erhalten, aber auch, um die Todesprojektion als »schöne Leiche« darzustellen und zur Vollendung zu bringen. Die künstlerische Darstellung des weiblichen Todes erhält von daher ihre spezifische Bedeutung. Mit der Immobilisierung des Weiblichen in der »schönen Leiche«, wie Elisabeth von Bronfen (1987) sie als zentrales Motiv der Kunst im 19. und 20. Jahrhundert beschreibt, ist die Zeit angehalten, der Tod gebannt, die Verheißung aufrechterhalten. Alles bleibt möglich, trotz oder gerade wegen des Stillstands, der die Garantie dafür darstellt, daß nichts vergeht. Gleichzeitig kann die Projektion des Todes auf die Frau aufrechterhalten werden, ohne daß die auf diese Weise geschaffene Weiblichkeits-Imago sich bedrohlich gegen den Mann zurückwendet. Die Ruhigstellung der Frau im Bild der »schönen Leiche« bannt auf diese Weise gleichzeitig den eigenen Tod. Solange die in der Projektion zum Inbegriff menschlicher Sterblichkeit stilisierte Frau, unberührt vom Fluß der Zeit, in ihrer Unbeweglichkeit verharrt und sich nicht verändert, ist auch die Macht des Todes gebannt (Rohde-Dachser 1991, S. 121). »Frau und Tod gehören dem gleichen Paradigma an. … Im Bild der ›schönen Leiche‹, das uns im Märchen von Schneewittchen (Schneewittchen im Sarg als unvergängliches Objekt der Anschauung und der Trauer) oder auch im Bild der toten Ophelia entgegentritt, ist die Konservierung des Weiblichen vollendet. Im Bild der schönen Leiche wird das Weibliche, das den Bereich des Todes vertritt, als Tote festgemacht, ihre dynamisierende Kraft gebannt, zugunsten der Ordnung überwunden« (Bronfen 1987, S. 111). So wie die Vitalität der lebendigen Frau im Bild der »schönen Leiche« stillgestellt wird, so wird damit gleichzeitig auch die Macht des Todes stillgestellt und die Mächte des Chaos überwunden, die sich gegen die Ordnung richten und von der Frau verkörpert werden. Damit ist die Frau an jenen Ort gelangt, den ihr das männliche Unbewußte immer schon zugewiesen hat (Bronfen 1987, S. 104).

Freud hat in der Auseinandersetzung mit dem Tod eine andere Form gewählt. Er weist vor allem die Abhängigkeit gegenüber dem Tod von sich. Er will den Tod nicht nur passiv erleiden, sondern ihn freiwillig wählen.

Freud und das Geheimnis der Kästchenwahl

Das Weibliche in der Metapher des Todes kann sich des Mannes bemächtigen; es kann aber auch das Objekt seiner Wahl sein. In Freuds Aufsatz über »Das Motiv der Kästchenwahl« (1913) begegnen wir dem Mann, der sich den Tod erwählt. Freud bezieht sich in diesem Aufsatz auf ein Motiv aus Shakespeares »Kaufmann von Venedig«, wo die Freier einer schönen, umworbenen Frau zwischen drei Kästchen wählen müssen. Sie wird denjenigen zum Mann nehmen, der sich für das Kästchen entscheidet, das ihr Bild enthält. Die Kästchen sind aus Gold, Silber und Blei. Zwei Bewerber haben sich bereits erfolglos für Gold und Silber entschieden. Der dritte wählt das Kästchen aus Blei; »er gewinnt damit die Braut, deren Neigung ihm bereits vor der Schicksalsprobe gehört hat« (Freud 1913, S. 24). In der Deutung von Freud wird dieses auch sonst in Mythos, Märchen und Dichtung wiederkehrende Motiv über verschiedene Interpretationsschritte (die dem Muster der Traumdeutung folgen und hier nicht weiter ausgeführt werden können) zur Wahl eines Mannes zwischen drei Frauen, wobei es immer die Dritte ist, die sich vor den anderen beiden durch bestimmte Vorzüge auszeichnet, auch wenn diese nicht immer gleich als solche erkennbar sind. Auf diese Dritte muß die Wahl fallen, wenn die Geschichte glücklich enden soll.

Eine häufige Besonderheit der dritten Frau ist es, daß sie schweigt. »Stummheit aber ist im Traume eine gebräuchliche Darstellung des Todes« (Freud 1913, S. 29). Die dritte der Frauen, zwischen denen die Wahl stattfindet, ist in dieser Deutung also eine Tote. »Es sind die drei für den Mann unvermeidlichen Beziehungen zum Weibe, die hier dargestellt sind: Die Gebärerin, die Genossin und die Verderberin« (Freud 1913, S. 37). Der Mann wählt mit der dritten Frau (die einzig »gückliche Wahl«) also den Tod; das Paradox, das darin scheinbar beschlossen liegt, löst sich für Freud so auf, daß hier eine Wunschverkehrung stattfindet: »Wahl steht an der Stelle von

Notwendigkeit, von Verhängnis. So überwindet der Mensch den Tod, den er in seinem Denken anerkannt hat. Es ist kein stärkerer Triumph der Wunscherfüllung denkbar. Man wählt dort, wo man in Wirklichkeit dem Zwange gehorcht, und die man wählt, ist nicht die Schreckliche, sondern die Schönste und Begehrenswerteste« (Freud 1913, S. 34).

Freud ist bei der Deutung des Motivs also ganz mit dem Problem der Wahl beschäftigt, vor die der Mann gestellt ist, und mit den bewußten und unbewußten Determinanten, die in diese Entscheidung eingehen. Ihm erscheint offenbar selbstverständlich, daß die Objekte dieser Wahl Frauen sind und daß sich auch der Tod in weiblicher Gestalt verkörpert. Liebesgöttin und Todesgöttin scheinen ihm austauschbar, die Ersetzung »durch eine uralte Ambivalenz vorbereitet«, »längs eines uralten Zusammenhanges, der noch nicht lange vergessen sein konnte« (Freud 1913, S. 34). In der Deutung des »Motivs der Kästchenwahl« wird der Frau danach nicht nur die ihr von Natur vorgegebene Rolle als Gebärerin des Mannes zuerkannt und daneben die der Genossin, die sein Leben teilt und es in Gemeinsamkeit mit ihm bewältigt. Als unvermeidlich dritte Rolle erhält sie die der Verderberin des Mannes – so als ob diese Rolle untrennbar mit den beiden anderen verbunden wäre. Tatsächlich ist die von Freud erwähnte dritte Rolle jedoch dem Bereich der Metapher entnommen, durch die das Weibliche mit Tod und Verderben verbunden wird. Die Frau als Lebensgenossin verschwindet dabei hinter dem Bild der Verderberin, in diesem Akt der Auslöschung gleichzeitig ins Numinose (dem Bild der »Todesgöttin«) erhöht und dort verewigt. In diesem männlichen Drehbuch sind Frauen Statistinnen mit festgeschriebenen Rollen. Zumindest die letzte gehorcht dabei seinem Stichwort – der Mann ist, wenn schon nicht Herr seiner Geburt, so doch wenigstens seines Todes. Die Wahl gilt darin einer Braut, die mit dem Tod identisch ist.

Auch bei Macho (1987, S. 267) ist die Begegnung mit der großen Mutter als Todesmutter und als toter Braut identisch. Das Ankommen bei ihr als einer toten Braut bedeutet Auslöschen, vergleichbar einem Inzest, in dem die Erfüllung der Hoffnung den Preis des Nichtseins in sich birgt. Und bei Caruso lesen wir: »Der Mann, der vergebens – und blindlings – nach seiner Gebärerin sucht, um diese nur ebenbildlich in der

Genossin wiederzufinden, wird nicht mehr enttäuscht: Die Todesgöttin wird ihn endlich, wie einst die Gebärerin, in ihre Arme nehmen. Sie wird ihn in ihrem Schoß aufnehmen: Wieder aufnehmen, denn sie ist die wiedergefundene Mutter. Die erste Vereinigung, die unter unerbittlichem Zwang der Wiederholung immer von neuem versucht wurde, wird erst im Tode wiederkehren. Der Tod ist der letzte Inzest, der alle unbefriedigenden Versuche, den ersten Inzest wiederzuerleben, durch die letzte und auslöschende Vereinigung aufhebt und vollendet (Caruso, zitiert nach Macho 1987, S. 268f.). Die Erfüllung der Verheißung ist hier gleichbedeutend mit dem Untergang; Ankommen und Auslöschung sind eins, und beides ist im Weiblichen verankert.

Hermann Hesse hat diese Erfahrung in seinem Gedicht beschrieben, das den Titel »Vergänglichkeit« trägt:

»Vom Baum des Lebens
fällt mir Blatt um Blatt,
oh lebensbunte Welt,
wie machst Du satt,
wie machst Du satt und müd,
wie machst Du trunken!
Was heut' noch glüht,
ist bald versunken.
Bald klirrt der Wind
Über mein braunes Grab.
Über das kleine Kind
Beugt sich die Mutter herab.
Ihre Augen will ich wiedersehn,
Ihr Blick ist mein Stern,
Alles andre mag gehn und verwehn,
Alles stirbt, alles stirbt gern.
Nur die ewige Mutter bleibt,
Von der wir kamen.
Ihr spielender Finger schreibt
In die flüchtige Luft unsre Namen.«

(aus: Hermann Hesse »Stufen«, S. 120).

Literatur

Anzieu, D. (1988): Freuds Selbstanalyse. Bd. 1: 1895-1898. München/Wien, 1990.

Braun, C. v. (1985): Nicht ich. Logik, Lüge, Libido. Frankfurt a. M.

Bronfen, E. (1987): Die schöne Leiche. Weiblicher Tod als motivische Konstante von der Mitte des 18. Jahrhunderts bis in die Moderne. In: R. Berger; I. Stephan (Hg.): Weiblichkeit und Tod in der Literatur, S. 87-115. Köln/Wien.

Brown, N. O. (1962): Zukunft im Zeichen des Eros. Pfullingen.

Caruso, I. A. (1968): Die Trennung der Liebenden. Eine Phänomenologie des Todes. München, 1974.

Chasseguet-Smirgel, J. (1984): Die Weiblichkeit des Psychoanalytikers bei der Ausübung seines Berufs. In: Chasseguet-Smirgel, J.: Zwei Bäume im Garten. Zur psychischen Bedeutung der Vater- und Mutterbilder. München/Wien, 1988, S. 27-46.

Dinnerstein, D. (1976): Das Arrangement der Geschlechter. Stuttgart, 1979.

Freud, S. (1900): Die Traumdeutung. G. W. Bd. II/III. Frankfurt a. M.

Freud, S. (1913): Das Motiv der Kästchenwahl. G. W. Bd. X. Frankfurt a. M., S. 23-37.

Freud, S. (1915): Zeitgemäßes über Krieg und Tod. G. W. Bd. X. Frankfurt a. M., S. 323-355.

Freud, S. (1919): Das Unheimliche. G. W. Bd. XII. Frankfurt a. M., S. 227-268.

Freud, S. (1920): Jenseits des Lustprinzips. G. W. Bd. XIII. Frankfurt a. M., S. 1-69.

Freud, S. (1923): Das Ich und das Es. G. W. Bd. XIII. Frankfurt a. M., S. 235-289.

Freud, S. (1926): Hemmung, Symptom und Angst. G. W. Bd. XIV. Frankfurt a. M., S. 111-205.

Freud, S. (1927): Die Zukunft einer Illusion. G. W. Bd. XIV. Frankfurt a. M., S. 323-380.

Freud, S. (1930): Das Unbehagen in der Kultur. G. W. Bd. XIV. Frankfurt a. M., S. 419-506.

Frisch, M. (1957): Homo faber. Ein Bericht. Frankfurt a. M., 1977.

Groddeck, G. (1923): Das Buch vom Es. Psychoanalytische Briefe an eine Freundin. München, o. J.

Hesse, H. (1961): Stufen. Alte und neue Gedichte in Auswahl. Frankfurt a. M.

Keller, E.F. (1985): Liebe, Macht, Erkenntnis. Männliche oder weibliche Wissenschaft? München/Wien, 1986.

Kestenberg, J. S. (1968): Outside and Inside, Male and Female. J. Amer. Psycho-Anal. Assoc. 16: 457-520.
Lifton, R. J. (1979): Der Verlust des Todes. Über die Sterblichkeit des Menschen und die Fortdauer des Lebens. München/Wien, 1986.
Macho, T. H. (1987): Metaphern des Todes. Zur Logik der Grenzerfahrung. Frankfurt a. M.
Marchi, L. de (1984): Der Urschock. Unsere Psyche, die Kultur und der Tod. Darmstadt, 1988.
May, R. (1966): Sex Differences in Phantasy Patterns. J. Projective Techniques and Personal Assessment 30: 576-586.
Merchant, C. (1980): Der Tod der Natur. Ökologie, Frauen und neuzeitliche Naturwissenschaft. München, 1987.
Neumann, E. (1956): Die Grosse Mutter. Eine Phänomenologie der weiblichen Gestaltungen des Unbewußten. 3. Aufl. Olten/Freiburg i.Br., 1978.
Rohde-Dachser, C. (1991): Expedition in den dunklen Kontinent. Weiblichkeit im Diskurs der Psychoanalyse. Heidelberg/Berlin/New York.
Snodgrass, J. (1983): Patriarchy and phantasy: A conception of psychoanalytic sociology. Amer. J. Psychoanal. 43: 261-775.
Wangh, M. (1985): Die Herrschaft des Thanatos. Über die Bedeutung der Drohung eines nuklearen Krieges und den Einfluß dieser Drohung auf die psychoanalytische Theoriebildung. In: C. Nedelmann (Hg.): Zur Psychoanalyse der nuklearen Drohung. Göttingen.

Margarete Berger

Aber mein Innres überlaßt mir selbst![1]

Zum Selbstmord adoleszenter Protagonistinnen in einigen poetischen Texten männlicher Autoren

Wenn ein Mensch sich sein Leben nimmt, nötigt er die Hinterbliebenen dazu, auf eine nicht mehr kommunizierbare Botschaft zu antworten. Dieser »interaktionelle Aspekt« (Kind 1992, 1996), der dem Selbstmord und dem Selbstmordversuch zugrunde liegt, gilt für Liebesbeziehungen, für die Arzt-Patient-Beziehung, für die Suizidforschung und auch für die Rezeption künstlerischer Darstellungen von Suizidalität. Die Antworten sind Ausdruck eines Repräsentations- und Verortungsbedürfnisses, das auch aufkommt, um die Omnipotenz der suizidalen Geste und das Unheimliche des Todes scheinbar unter Kontrolle zu bringen und zu entkräften. Sie sind Anteil einer Trauerarbeit oder bringen deren Abwehr in Gang; sie sind beeinflußt von der latenten Suizidalität des Antwortenden, vom Gefühl einer Überlebensschuld, von Todesängsten und Todeswünschen, von der Objektbeziehung zum Toten und einer auch soziokulturell bestimmten Kompromißbildung im Versuch zu verstehen. So haben die Deutungen der Hinterbliebenen oft weniger mit dem sich selbst ausgelöschten Individuum zu tun, dagegen viel mit beziehungs-, geschlechts- und kulturspezifischen Abwehr- und Identifikationsversuchen der Bezugspersonen, der Therapeuten, der Forscher und der Dichter, die einen Selbstmord oder Selbstmordversuch erfinden und als künstlerische Fiktion wiederum der Deutung überlassen. Bei alledem ist von nicht geringer Bedeutung, ob eine Frau oder ein Mann sich das Leben genommen hat. Neben an-

1 J. W. von Goethe: *Die Wahlverwandtschaften.*

deren Gründen mag die Tatsache, daß das männliche Geschlecht ungleich suizidgefährdeter ist als das weibliche und der Suizid des Vaters für den Sohn ein erhebliches Suizidrisiko beinhaltet, dazu beigetragen haben, daß es über einen langen Zeitraum vorwiegend männliche Autoren waren, die ihr künstlerisches und wissenschaftliches Interesse auf die Problematik der Suizidalität gerichtet haben.

Im folgenden wird der Versuch unternommen, anhand von vier poetischen Suizidszenarien aus Texten von Sophokles, Goethe und Kleist auf die Komplexität literarischer Imaginationen zur Suizidalität bei Frauen aufmerksam zu machen. Es handelt sich um Texte, die lange vor der Etablierung der Suizidologie als einem interdisziplinären Forschungsbereich entstanden sind. Benigna Gerisch (1993, 1998) kommt das Verdienst zu, im Rahmen einer textkritischen Analyse vorliegender wissenschaftlicher Erklärungsmodelle zur Suizidalität bei Frauen aufgezeigt zu haben, daß seit Durkheim (1897) und in seiner Nachfolge bis heute die weibliche Suizidproblematik, trotz schon epidemiologisch ins Auge fallender und auch immer wieder zitierter Unterschiede zum männlichen Suizidverhalten, keine gebührende Beachtung gefunden hat. Eine Ausnahme bilden abgrenzende Vergleiche mit den das männliche Geschlecht betreffenden Forschungsergebnissen. Darüber hinaus weist Gerisch (1998) darauf hin, daß biologistisch orientierte Hypothesen zur Suizidalität bei Frauen (körperliche Konstitution der Frau, Menstruation, Schwangerschaft, Geburt, Menopause) vorherrschen, während derartige Begründungszusammenhänge für das männliche Geschlecht nicht in Betracht gezogen sind. So als sei nur die Frau, nicht aber der Mann ein mit der Körpernatur eng verbundenes und daher vornehmlich instinktgeleitetes Wesen und als seien diese Konnotationen auch schon alles, was Weiblichkeit ausmacht und weiblicher Suizidalität zugrunde liegt. Diese scheinbar plausible Schlußfolgerung schien Durkheim (1897), wie seinen Nachfolgern im 20. Jahrhundert, auf der Hand zu liegen, nachdem sich seine Hypothese der suizidhemmenden sozialen Integration für das weibliche Geschlecht als unhaltbar erwies. Gleichwohl hat sich in der Suizidforschung, wie Gerisch (1998) zeigt, auch die usprüngliche Durkheimsche These erhöhter Selbstmordgefährdung der Frau, soweit sie sich durch

Berufstätigkeit und weitere emanzipatorische Bestrebungen aus dem traditionellen soziokulturellen Rahmen (Küche, Kinder, Kirche) herausbewegt, hartnäckig erhalten. Ähnlich wie die Forschung beispielsweise jahrzehntelang die Hypothese einer beeinträchtigten Mutter-Kind-Beziehung bei mütterlicher Erwerbstätigkeit nie ganz aufgegeben hat.

Gerisch (1998) kommt aufgrund ihrer kritischen Würdigung vorhandener Erklärungsmodelle zum weiblichen Suizidverhalten zu dem Ergebnis, daß die Überbetonung biologischer und die Vernachlässigung gesellschaftspolitischer und beziehungsrelevanter wie auch entwicklungspsychologischer Gesichtspunkte aufs engste verknüpft sind mit soziokulturell determinierten, von männlichen Autoren konzipierten paternalen Weiblichkeitstheorien, die das subjektive weibliche Identitätsgefühl in seiner Konflikthaftigkeit nicht oder höchst einseitig in Betracht ziehen. Die Autorin legt dar, daß auch die Psychoanalyse keine ausdrücklich geschlechterdifferente Theorie zur Suizidalität bei Frauen entwickelt hat – abgesehen von den Adoleszenzforschern Laufer und Laufer (1984, 1995, 1996) – und im übrigen auch für die Psychoanalyse die Verknüpfung theoretischer Annahmen zur weiblichen Suizidalität mit primär männlich bestimmten Weiblichkeitskonstruktionen, Mythen und paternalen Projektionen gilt. In den letzten 30 Jahren wurden allerdings die vorwiegend männlichen psychoanalytischen Konstrukte zur Weiblichkeit und zum Verhältnis der Geschlechter von vielen weiblichen Wissenschaftlerinnen kritisiert, revidiert und durch neue Sichtweisen ergänzt und ersetzt (Benjamin 1990, 1993; Chodorow 1985; Löchel 1989; Pines 1997; Rohde-Dachser 1991). Noch stehen aber umfangreichere Forschungsergebnisse zur weiblichen Suizidproblematik aus (Rachor 1995).

Unter diesen Prämissen habe ich mein Interesse auf die poetischen Fiktionen weiblicher Suizidszenarien in einigen Texten männlicher Dichter und auf die hier zum Ausdruck kommenden Imaginationen und Interpretationen weiblicher Suizidalität einschließlich der immanenten Weiblichkeitskonstruktionen und Symbolisierungen gerichtet, die historisch den Schlußfolgerungen Durkheims (1897) vorausgingen. Bei der Textauswahl habe ich mich auf adoleszente Protagonistinnen beschränkt, weil mich angesichts der hohen Suizidversuchsanfälligkeit bei Adoleszentinnen der Gegenwart die poetische Widerspiegelung weiblichen Erlebens an der Schwelle zum Erwachsenwerden besonders interessiert (Berger 1999). Meine Aufmerksamkeit für die Texte war vor allem von der Frage nach erkennbaren psychodynamischen Kontextbedingungen weiblicher Suizidalität und den Repräsentationen des Suizidereignisses geleitet. Ich habe mich hierbei keiner literaturwissenschaftlichen Lesart bedient, sondern einer auf klinischer und psychoanalytischer Erfahrung beruhenden Sichtweise im Bemühen, in die Texte keine theoretischen Spekulationen zu injizieren, aber diesbezügliche textimmanente Botschaften aufzugreifen.

Die wissenschaftlichen Ergebnisse zur Suizidalität bei Frauen stammen vorwiegend von männlichen Autoren. Gleiches gilt für die Textbeispiele poetischer Imaginationen weiblicher Suizidszenarien, die ich ausgewählt habe. Erst im 20. Jahrhundert haben Dichterinnen wie Sylvia Plath, Virginia Woolf, Marina Zwetajewa, Unica Zürn und andere der weiblichen Suizidalität eine Sprache gegeben. Die neueren psychoanalytischen Weiblichkeitstheorien haben die Skepsis gegenüber männlichen Deutungsmustern weiblicher Suizidalität im Bereich der Suizidologie, aber auch der Poesie geschärft (Bovenschen 1979; v. Braun 1989; Bronfen 1994; Canetto 1992; Higonnet 1985; Rohde-Dachser 1991; Suter 1976; Weigel 1989). Zu den männlichen Imaginationen weiblicher Suizidalität in literarischen Texten stellt sich nicht nur die Frage, inwieweit weibliche Subjektivität überhaupt zur Darstellung gelangen kann. Angesichts der Neigung männlicher Wissenschaftler und Künstler, die Frau beziehungsweise den Körper der Frau zum Container projizierter Beziehungs- und Todesängste/-wünsche zu funktionalisieren, um ihre potentiell gefährliche Subjekthaftigkeit auszulöschen und um sich eigener, vermeintlich weiblicher Anteile zu entledigen (Bronfen 1994; Rohde-Dachser 1991), dürfte es sich bei den von Männern erfundenen Frauengestalten in der schönen Literatur nicht selten um projektive Schöpfungen und um Reproduktionen traditioneller Geschlechtsrollenklischees handeln. Suizidale Protagonistinnen in den Texten männlicher Dichter hätte man demgemäß in erster Linie als zum Tod verurteilte, potentiell »schöne Leichen« (Bronfen 1994) zu verstehen, die das psychische Überleben ihrer Erfinder gewährleisten; so, als ob Tolstoi oder Flaubert ihre psychische und vielleicht sogar physische Existenz »Anna Karenina« und »Emma Bovary« verdankten. Damit allerdings spräche man den Poeten ein empathisches Bemühen innerhalb der ihnen soziokulturell vorgegebenen Grenzen des Verständnisses für Geschlechterdifferenz und subjektive Geschlechtsbesonderheit nahezu ab.

Der Versuch, selektiv poetische Suizidszenarien darzustellen, zu diskutieren und zu interpretieren, wird selbstverständlich der Einheit und der Einmaligkeit des jeweiligen Textkunstwerks nicht annähernd gerecht. Die selektive Betrachtungsweise einzelner Textpersonen ist vielmehr mit der Gefahr verbunden, poetische Texte – zum gerechten Entsetzen der Literaturwissenschaftler – auf die subjektive Deutung einer Fallgeschichte zu reduzieren. Ausgehend davon, daß jedes Kunstwerk im Rezipienten bestimmte unterschiedliche und auch geschlechtsspezifische emotionale Reaktionen auslöst, dürfte darüber hinaus jeder Text zum Agieren von Phantasien verleiten – auch evoziert durch die Fragestellungen, die an ihn herangetragen werden (von Hoff u. Leuzinger-Bohleber 1997; Reed 1982; Schönau 1991). Diesen emotionalen Reaktionen wird manchmal eine Verwandtschaft zu Gegenübertragungsgefühlen unterstellt, obwohl letztere dem lebendigen analytischen Beziehungsprozeß vorbehalten sind. Raguse (1991) kommt zu dem Schluß, daß die Leserlenkung des Autors – verstanden als »impliziter Autor« und nicht als reale historische Person -, die dem Rezipienten eine bestimmte Rollenzuweisung erteilt, gleichwohl als Übertragung interpretierbar sei. Seine Auffassung folgt der Überzeugung Greens (1974), daß es der Leser ist, der durch den Text analysiert wird.

I

> Nichts vollzieht sich im Leben der Sterblichen,
> sei es auch noch so gesegnet, ohne ein Unheil.
> (Sophokles »Antigone«)

Der Selbstmord als individuelle und interpersonelle Konfliktlösungsstrategie bei beiden Geschlechtern ist wiederholt Gegenstand in den Tragödientexten des Sophokles (ca. 442 v. u. Z.). Man könnte, vergleicht man beispielsweise die Texte der Tragödien »Aias« und »Antigone«, sogar unterstellen, daß der antike Dichter durchaus die Frage nach einer Geschlechterdifferenz suizidalen Agierens in Betracht gezogen hat. Mit der Protagonistin Antigone hat er ein vor allem seitens der feministischen Forschung mehrfach aufgegriffenes und auch idealisiertes Kulturdenkmal geschaffen, das für das tragische Scheitern weiblicher Selbstverwirklichung (Rohde-Dachser 1991) und der Utopie des Humanen (Frank 1995) steht.

In der Tragödie des Sophokles wird Antigone, die Tochter des Ödipus, der zugleich ihr Vater und ihr Bruder ist, und der Jokaste, die zugleich ihre Mutter und Großmutter ist, zum Tod verurteilt, nachdem sie sich unter Berufung auf göttliches Gesetz dem Verbot des Königs Kreon widersetzt, den Bruder Polyneikes zu begraben. Antigone erhängt sich in dem Gruftgewölbe, in das man sie eingemauert hat. Ihr Selbstmord hat zur Folge, daß sich ihr Bräutigam Haimon, Sohn des Kreon, mit seinem Schwert, das er zuvor gegen den Vater richtet, tötet. Königin Eurydike, Mutter des Haimon, erdolcht sich, nachdem sie den Tod ihres letzten Sohnes erfährt. Kreon ist der einzige unter den Protagonisten, der im Verlauf der Tragödie eine innere Wandlung durchmacht und – zu spät – seine neugewonnene Einsicht, die Antigone in ihm bewirkt hat, handelnd umsetzt. Er überlebt die Katastrophe als ein gebrochener und psychisch Toter. Verurteilung und Tod der Antigone lösen eine Lawine von Aggressivität und Destruktivität aus, die in scharfem Kontrast zu ihrem humanen Anliegen steht. Sophokles stellt den Suizid der Antigone denn auch in den Kontext eines allgemeinen Unheils, von dem das Leben der Sterblichen betroffen ist.

»Auch andere Frauen bieten Äcker zum Besäen« (S. 231), wendet König Kreon ein gegen die Vorhaltungen Ismenes, Schwester der Antigone, daß sich sein Todesurteil gegen die Braut seines Sohnes richtet. Auf den ersten Blick scheint dieses biologische Argument des Königs ganz der patriarchalen Wahrnehmung weiblicher Menschen zu entsprechen, wie sie bis in unsere Zeit in den männlichen Weiblichkeitstheorien und auch in den wissenschaftlichen Hypothesen zur weiblichen Suizidalität vorherrscht: Die Frau ein auf ihre biologische Natur und Körperlichkeit reduziertes geschichtsloses und demzufolge auch austauschbares Objekt. Dieser Eindruck zur männlichen Einschätzung des weiblichen Geschlechts im Antigone-Text mag noch bestärkt werden durch die Antizipation des Königs, daß es nur ein »Kerl« sein kann, der aus niederen Beweggründen zum Gesetzesbrecher wurde. Einen ethisch motivierten Aufstand gegen sein Verbot kann sich Kreon nicht vorstellen – schon gar nicht seitens einer Frau. Nachdem sich Antigone als Überzeugungstäterin bekennt, glaubt sich Kreon nicht nur als Vertreter der Staatsgewalt von Anarchie bedroht, sondern auch in seinem männlichen Identitätsgefühl: »Ich wäre ja kein Mann, sie wäre einer, würde / sie nicht bestraft für ihre Eigenmächtigkeit: / Zu meinen Lebzeiten soll mich kein Weib beherrschen« (S. 229).

Seine empörte Feindseligkeit gegen das Weibliche, die auch im Dialog mit seinem Sohn Haimon zum Ausdruck kommt, bekräftigt Kreon dahingehend, daß man sich nicht von einem Weib unterkriegen lassen, kein »Weiberknecht, kein Sklave eines Weibes« sein dürfe. Der Chor gibt an dieser Stelle des Textes eine vorläufige und bis heute geläufige Interpretation für unweibliche Aufsässigkeit im allgemeinen und die der Antigone im besonderen: »Aus diesem Mädchen spricht die Härte ihres Vaters« (S. 227). Es scheint demzufolge unvorstellbar, daß eine Frau zu einer derart todesmutigen und authentischen Konfrontation mit dem König imstande sein sollte. Es kann sich nur um eine Art Irrtum der Natur handeln, der für Töchter bedeutender Väter in Betracht zu ziehen ist. Oder der Vater macht etwas in der Tochter hart und kompromißlos, und ihre eigene Subjekthaftigkeit kann um so weniger in Erscheinung treten. Letzteres bestätigt der Chor, indem er Antigone als Subjekt vollends im Vater aufgehen läßt als lebendige Verkörperung seiner Schuld. »Doch büßt du zugleich das Vergehen des Vaters« (S. 241).

Dem Tragödientext läßt sich entnehmen, daß Antigone diesen Zuschreibungen des Chores – entgegen dem ersten Anschein – tatsächlich kein vom Vater deutlich unterscheidbares weibliches Subjekt entgegenzusetzen hat. Zwar mutet ihr Anliegen, den toten Bruder bestatten zu dürfen, durchaus weiblich, fürsorglich, schwesterlich mitleidig, naturnah und insgesamt beziehungsbestimmt an. Aber der Text erhellt mehr und mehr, daß Antigone eine Mission erfüllt, deren Ursprung vor allem mit ihrer kompromißlosen und traumabedingten Identifizierung mit dem Vater und ihrer »edlen Abkunft« aus ihm zu tun hat. So wie ihre Umwelt, repräsentiert im Chor, sie mit dem Vater identifiziert, so vor allem sie sich selbst. Demzufolge steht Kreon, dem König von Theben, wenngleich er gegen die Frau wettert, mit Antigone auch sein könglicher Vorgänger Ödipus gegenüber. Der Text läßt offen, ob es diese, durch den Seher geförderte Erkenntnis ist – »Tote morden ist kein Heldenstück« (S. 247) –, die Kreon zur verspäteten Milde gegenüber Antigone bekehrt. Deutlich dagegen bringt der Text zum Ausdruck, daß sich beide – Kreon wie Antigone – in ihrem Denken und Handeln auf den Vater als die maßgebliche Instanz beziehen. Kreon bringt sich dem Sohn gegenüber in diesem Sinn ins Spiel: »Dem Spruch des Vaters muß sich alles unterordnen« (S. 234). Antigone, »das geschlagene Kind eines geschlagenen Vaters« (S. 223), der angesichts des Verhängnisses, in das sie hineingeboren ist, »das Sterben doch nur einen Vorteil« (S. 226) bietet, scheint von Anfang an nur eines im Sinn zu haben: weitere Schande vom Vater und seinem edlen Geschlecht abzuwenden durch Bestattung seines Sohnes, einem Vatersubstitut. Es ist eine selbstmörderische Unternehmung, die sie, wie sie angesichts des Grabgewölbes, in das sie abgeführt wird, bekundet, nur für den Bruder auf sich nimmt. »Ich hätte schwerlich je für eigne Kinder oder auch für den Gatten, wären vor mir sie gestorben, der Staatsgewalt zum Trotz die schwere Pflicht erfüllt« (S. 243). Antigone hält die durch transgenerationale Traumatisierung aneinandergeketteten Generationen der Ödipus-Familie (vgl. Faimberg 1987) zusammen, als deren Glied sie unausweichlich ihr Schicksal dem des Vaters unterordnet.

Diese Perspektive der Tragödie wird erst kurz vor dem Tod Antigones deutlich. Zunächst einmal stehen sich Kreon und Antigone argumentierend gegenüber. Und obwohl sich im Text durchaus entwertende männliche Zuschreibungen und biologische Festlegungen weiblichen Wesens finden, behauptet sich Antigone konsequent als ein scheinbar autonom denkendes Subjekt. Der König und die Tochter seines königlichen Vorgängers repräsentieren unterschiedliche kulturelle und politische Auffassungen. Kreon als Vertreter der Staatsräson: »Das

Vaterland allein verbürgt uns Schutz« (S. 217). Antigone als die Verteidigerin eines humanen Prinzips und dem persönlichen Bekenntnis: »Mithassen nicht, Mitlieben ist mein Daseinszweck« (S. 229). Der Text stellt sie als einander ebenbürtige Kontrahenten dar, wenn auch ohne gleiche Machtbefugnis. Nichts deutet darauf hin, daß Antigone im König den Mann bekämpft oder sogenannte männliche Rechte einklagt. Es handelt sich nicht um einen Kampf zwischen den Geschlechtern, sondern um eine ideologische Auseinandersetzung. Antigone kämpft ausdrücklich gegen das vom König verhängte Gesetz, das sie zur »Verbrecherin aus Pflichtgefühl« (S. 213) macht. Daß sich dieses Pflichtgefühl Antigones nicht unbedingt auf alle unbestatteten Leichen der Menschheit erstreckt, wird bald ebenso deutlich wie der Umstand, daß Kreon sein Gesetz nicht als generelles erlassen hat, sondern gegen den Staatsfeind Polyneikes, den Sohn des von Theben ausgewiesenen Königs Ödipus. So scheinen es vor allem die persönlichen Motive der Kontrahenten zu sein, die sie so kompromißunfähig machen. Antigone, die im Namen der Liebe auftritt, haßt die Schwester dafür, sie von ihrem Vorhaben abbringen zu wollen – mit dem Argument, durch Geburt mit »Schmach« beladen und als Frau zum Kampf mit den Männern nicht befähigt zu sein. Antigone bezeichnet die Schwester als ihrer »edlen Abkunft« nicht würdig und als »Feindin« – nicht eines humanen Prinzips – sondern des Bruders.

Ist Antigone blind für das tödliche Risiko, das sie durch ihre Gesetzesüberschreitung heraufbeschwört? Bedeutet ihr das Leben, der Verlobte, ihre persönliche Zukunft in Theben nichts? Bevor sie in die Gruft gezerrt wird, drückt sie durchaus Schmerz darüber aus, sterben zu müssen, ohne je vermählt zu sein und Kinder zu haben. Ihre Klage scheint dem Eindruck vorbeugen zu wollen, sie habe kein Empfinden dafür, daß ihr Verbrechen aus Pflichtgefühl sie das Leben kostet. Denn der Text führt die zum Äußersten entschlossene Antigone bereits eingangs als eine junge Frau ein, die ihren Tod nicht zu fürchten scheint, sondern wie schon vollzogen betrachtet: »Tod als Lohn dafür kann mich nur ehren. Vereint in treuer Liebe will ich bei ihm liegen ...« (S. 213). Und weiter: »Meine Seele aber starb schon längst, sie kann nur noch bei Toten Nutzen stiften« (S. 231). Auch Antigones Selbstmord ist im Text schon eingangs repräsentiert: »Mich wird kein Leid so hart und schmerzlich treffen wie ein würdeloser Tod« (S. 214). Eine Würde, die sich im Pflichtgefühl gegenüber dem Vater erfüllt und darin, von eigener Hand, und nicht durch Kreon zu sterben.

Der gesamte Text bringt eine für Antigone eigentümliche Begrenzung der Möglichkeit zu lieben und zu sein zum Ausdruck, die durch den Konflikt mit Kreon aktualisiert, aber nicht ausgelöst ist. Antigone kann die authentische und souveräne junge Frau, als die sie dem Kreon gegenübersteht, nicht wirklich sein. Sie kann sich weder vermählen, noch Kinder haben, noch künftige Königin Thebens werden. Sie kann auch nicht, wie sie vor ihrem Tod bekennnt, ihr Mitgefühl und ihren Wunsch, zu lieben statt zu hassen, leben. Ihr Mitgefühl und ihre Liebesfähigkeit sind eingeschränkt auf die Leiche des toten Bruders und die verinnerlichten toten Eltern. Ihre individuellen Lebens-, Entwicklungs- und Liebesmöglichkeiten und ihr Handlungsspielraum sind nicht in erster Linie begrenzt durch die Machtpolitik des Kreon, sondern durch das transmissionierte Ödipus-Trauma, dem sie, perspektivlos identifiziert mit den Primärobjekten, unabwendbar unterworfen ist (Faimberg 1987; Kittler 1999). Sie kann diese Eltern und den Bruder nicht betrauern und sich von ihnen ablösen (Steck u. Bürgin 1996). Sie empfindet sich vielmehr wie selbstverständlich als zu den Toten gehörig, ohne den Anspruch auf persönliche Individuierung auch nur denken und sich partiell als ein Subjekt vorstellen zu könen, das nicht allein die Tochter des Ödipus und der Jokaste ist. Antigone bringt das im Text wiederholt zum Ausdruck: »Welch ein Verhängnis: es teilte die elende Mutter / als Gattin das Lager mit ihrem Sohne, / meinem Vater! Das waren die Eltern, / die mir zum Unglück das Leben einst schenkten! / Fluchbeladen und ohne Gemahl, so folge ich ihnen ins Reich der Toten« (S. 241). In ihr Grabgewölbe abgeführt, zieht sie »zu meinen Lieben«, mit der Hoffnung, »willkommen euch zu sein, dir, Vater, herzlich dir auch, liebe Mutter, aufs Innigste willkommen dir auch, lieber Bruder!« (S. 242).

So als gehöre nicht nur das Todesurteil des Kreon, sondern auch noch die getreue Nachahmung des Selbstmords der Mutter Jokaste zu ihrer Bestimmung als Tochter, erhängt sich Antigone und gibt sich mit ihrem Körper als Person auf. Die Nachahmung der Mutter in der Art und Weise des Selbstmords akzentuiert das beide Frauen gleichermaßen umfangende Grauen eines entlehnten Schuldgefühls (Cournot 1988), das Antigone keine Möglichkeit läßt, sich von der Mutter zu deidentifizieren und zu individuieren. Man kann zu diesem Bild der beiden erhängten Frauen phantasieren, daß Antigone, die Tochterfrau des Vaters, mit dieser Geste auch ihrer inzestuösen Verbundenheit mit ihm Ausdruck verleiht. Es gibt im Leben der jungen Antigone keinen anderen Mann als den Vater. Es gibt für die Tochter keine zweite psychische Geburt in der Adoleszenz. »Die Grabesgruft, mein Hochzeitszimmer, in der Tiefe auf ewig mir bestimmt zum Kerker!« (S. 242).

Die Wirkung, die der Selbstmord der Protagonistin im Königreich Theben auslöst, ist verheerend. Als habe Antigone den Vorhang zerrissen, mit dem das post-ödipale Reich seine Geschichte verhängt hat, um das Unheil, das zu ihr gehört, wie ein überlebtes Familiengeheimnis verdeckt zu halten. Haimon, der vergessene Bräutigam, der sich tötet, hebt zuvor sein Schwert gegen den Vater, als ob er ihn als den alleinverantwortlichen dingfest machen könnte. Eine zweite Königin von Theben tötet sich. Dettmering (1985) unterstreicht die im Selbstmord antiker Protagonisten offensichtlich untergebrachte Intention, am Objekt Rache zu nehmen. Ich meine, daß das »Unheil«, das »sich im Leben der Sterblichen« des thebanischen Reiches vollzieht, im Begriff der *generationalen Transmission traumatischer Erfahrung* einleuchtender zu fassen ist. Nicht nur Antigone hat als Trägerin des Verhängnisses und des entlehnten Schuldgefühls (Cournot 1988) die Austreibung des Vaters aus Theben und den Selbstmord der Mutter wiederholt. Das thebanische Volk ist von diesem Trauma seiner Geschichte mehr betroffen, als es wahrhaben will. Antigone übt nicht nur Rache am Objekt. Indem sie ihren Selbstmord als einen Akt der unausweichlichen Identifizierung mit der Geschichte ihrer Eltern aufdeckt, gibt sie dem Volk von Theben und dem Publikum des Sophokles auch eine Chance, das Trauma im Unheil zu erkennen und so zu bewältigen. »Bei weitem als höchstes Glück steht uns zu Gebote unsere Vernunft ...« (S. 258), schließt der Chor. So gesehen kann man Antigone dann doch als eine Sendbotin des Humanen sehen.

Der Kontrast zwischen der antiken Fiktion einer Frau, die im Selbstmord endet, und den Weiblichkeitskonstruktionen und Hypothesen zur weiblichen Suizidalität der Jahrhundertwende bis teilweise noch heute ist bemerkenswert.

Sophokles läßt mit der Figur der Antigone eine Frau als scheinbar autonomes Subjekt gelten und stellt ihren Suizid in einen politischen, psychodynamischen und interaktionellen Kontext. Unter den Akteuren der Tragödie ragt Antigone jedoch auch als diejenige hervor, die den Tod als Anteil des Lebens am stärksten verinnerlicht hat und den toten Liebesobjekten enger verbunden ist als den lebenden. Diese vertraute Sichtweise zur Funktion der Frau im Leben und in der schönen Literatur (Rohde-Dachser 1991) stellt der Dichter in einen spezifischen Begründungszusammenhang, der sich aus gegenwärtiger Sicht als Ausdruck des transgenerational transmissionierten Traumas verstehen läßt. Im Text ist das physische Erleben der fiktiven Antigone leitmotivisch vom Urszenen-Phantasma ihrer Primärobjekte wie von einem Wahn (Perelberg 1995) durchdrungen und ihre individuelle Ausweglosigkeit demzufolge wie vorprogrammiert. Antigones Worte, ihre Seele sei schon längst gestorben, erinnert auch an die Bemerkung Winnicotts, unter bestimmten Umständen »den Körper in den Tod zu schicken, der die Psyche bereits ereilt hat« (Winnicott 1991). Die einzig autonome Tat, die Antigone bleibt, ist, sich nicht töten zu lassen, sondern ihren Tod eigenmächtig herbeizuführen. Es ließe sich als Textaussage schließen, daß eine Frau, soweit sie in ihrer Erscheinung nicht einem üblichen Weiblichkeitsklischee entspricht, eine schon potentiell Todgeweihte ist. Aber der Selbstmord Antigones, in den spezifischen Kontext ihrer traumatischen Verstrickung mit den elterlichen Introjekten gestellt, läßt eben diese geläufige Schlußfolgerung nicht zu.

Der Text erhöht Antigone in die Rolle einer Kulturschaffenden. Aber nicht in erster Linie, weil die Protagonistin als Kontrahentin der Staatsgewalt humane politische Alternativen aufzeigt, sondern weil sie dem in ihr waltenden Trauma agierend Gestalt verleiht und etwas sichtbar werden läßt, als Voraussetzung für die Fähigkeit zu trauern. In »Das Unbehagen in der Kultur« spricht S. Freud (1930) der Frau einen Kulturbeitrag grundsätzlich ab.

»Die Frauen vertreten die Interessen der Familie und des Sexuallebens; die Kulturarbeit ist immer mehr Sache der Männer geworden, stellt ihnen immer schwierigere Aufgaben, nötigt sie zu Triebsublimierungen, denen die Frauen weniger gewachsen sind. ... So sieht sich die Frau durch die Anspüche der Kultur in den Hintergrund gedrängt und tritt zu ihr in ein feindliches Verhältnis« (Freud 1930; XIV, 463). Demgegenüber erweist sich Sophokles als hellsichtiger. Antigone ist zwar eine Frau, die kompromißlos »die Interessen der Familie« vertritt. Aber der Kontext, in den der antike Text ihr Interesse stellt, billigt ihr ein bemerkenswertes Potential an »Kulturarbeit« zu.

II

> Denn der hat sie verlassen, in
> dem sie allein ihr Dasein fühlte ...
> (J. W. v. Goethe »Die Leiden des jungen Werther«)

»Die Leiden des jungen Werther«, (1774) verfaßte der 25jährige Goethe innerhalb von vier Wochen und wurde damit schlagartig international berühmt. Er zog aber auch moralische Empörung auf sich wegen der identifikatorischen Anziehung, die sein Protagonist bei suizidalen Adoleszenten auslöste, indem sie die Dichtung in Wirklichkeit umsetzten und sich wie Werther, angetan im blauen Rock mit ledergelber Weste, erschossen. Auch noch Adoleszente der Gegenwart rührt dieser Text an.

In »Dichtung und Wahrheit« (1811-13) räumt Goethe freimütig zur Entstehungsgeschichte des Werther-Textes ein, daß er eine für ihn schmerzliche Wirklichkeit in Poesie verwandelt habe und sich durch Transformation ins Imaginäre vor dem eigenen Selbstmord glaubt gerettet zu haben. Angeblich hat der junge Dichter während der Entstehungszeit des Werther allnächtlich mit einem Dolch – dem Dolch der »Emilia Galotti« – unter dem Kopfkissen geschlafen und sich nur eingehüllt in den Pelz seiner Mutter zum Schlittschuhfahren auf den gefrorenen Main gewagt. Wie Eissler (1983) meint herausgefunden zu haben, war die Suizidalität des jungen Dichters weniger auf seine unglückliche Liebesaffäre in Wetzlar zurückzuführen, die er zum Gegenstand seines Textes macht, als vielmehr auf seine panische Verzweiflung über die bevorstehende Heirat seiner Schwester Cornelia.

Der Dolch unter dem Kopfkissen wie auch der ödipale Konflikt des jungen Autors kehren im Werther-Text wieder: Im Zimmer des sterbenden Werther liegt auf dem Pult aufgeschlagen Lessings Trauerspiel »Emilia Galotti«. Die ödipale Konfliktsituation des jungen Dichters mit Schwester Cornelia scheint in die Figur des Protagonisten Werther transformiert, der sich in eine Frau mit schwesterlich-mütterlichen Attributen verliebt, die mit Albert verlobt ist. Wie die Liebe des jungen Dichters zu seiner Schwester ein inzestuöses Element enthalten haben könnte, so die zielgehemmte Zärtlichkeit des Werther für die Angebetete, Lotte. Wiederholt beschwört Werther im Text die »Reinheit« und »Brüderlichkeit« seiner Liebe zu Lotte. Nachdem diese brüderliche Reinheit nicht mehr aufrechterhalten werden kann, will Werther sterben, um sich mit Lotte »geschwisterlich« vereint im Jenseits für immer zu verbinden. Der adoleszente Charakter des Textes durch die oszillierende Identitätssuche des Werther, der die Wirklichkeit und den Tod wie träumend wahrnimmt, mag mit dieser wenig verhüllten Verwobenheit des Leidens von Autor und Protagonist zu tun haben.

Der junge Dichter hat mit seinem Text die Suizidalität und den Selbstmord »gesellschaftsfähig« gemacht, auch wenn es noch mehr als hundert Jahre dauert, bis Durkheim (1897) dem Suizid als einem psychosozialen Phänomen Geltung verschafft (vgl. Willemsen 1989). Werthers Legitimation des Selbstmords als einer »Krankheit zum Tode« ist zum vielzitierten Schlagwort geworden, wenngleich der Text sich gegen den als pharisäerhaft abgewiesenen zeitgemäßen Kurzschluß wendet, Selbstmord als Ausdruck von Wahnsinn und Schwäche zu verstehen. Gegenüber dem Argument, es sei leichter zu sterben »als ein qualvolles Leben standhaft zu ertragen« (S. 47), verteidigt der Protagonist den Selbstmord idealisierend als Konfliktlösung und als quasi revolutionären Akt, den er mit dem Aufstand eines unterjochten Volkes gegen den Tyrannen vergleicht. »Denn nur insofern wir mitempfinden, haben wir Ehre, von einer Sache zu reden« (S. 48). Beim Selbstmord läßt der

Protagonist Werther auch keinen Geschlechtsunterschied gelten. Nicht nur *einfältige Mädchen* bringen sich um: »Der Mensch ist Mensch, und das bißchen Verstand, das einer haben mag, kommt wenig oder nicht in Anschlag, wenn Leidenschaft wütet und die Grenzen der Menschheit einen drängen« (S. 50).

Werther sind vor allem Frauen Spiegel und Identifikationsmodell für seine innere Verfassung, für sein Erleben und auch für seinen Selbstmord. Diese Besonderheit zusammen mit der charakteristischen adoleszenten Stimmung und der eher weiblich anmutenden Beziehungsdynamik veranlaßt mich, den Text als poetisches Beispiel zur Suizidalität adoleszenter Protagonistinnen mit in Betracht zu ziehen. Der Werther-Text läutet die Feminisierung der Suizidalität ein, wie sie mit der Figur der »Ottilie« in den »Wahlverwandtschaften«, vor allem aber dann in der schönen Literatur des 19. Jahrhunderts zum Ausdruck kommt (Higonnet 1985). Der junge Goethe hat seinem identitätsunsicheren Protagonisten eher weibliche Züge und Eigenschaften verliehen, die bis heute dem männlichen Klischee des Weiblichen entsprechen. Werther ist gefühlvoll und empfindsam, beredt und bedürftig. Seine Liebesbeziehung ist ihm wichtiger als sein berufliches Fortkommen. Er weint, er seufzt, er deklamiert Klopstock, er ist gern mit Kindern zusammen, er ist – wie vermeintlich vorwiegend die Frauen – überaus narzißtisch. »Wie ich mich selbst anbete, seit sie mich liebt« (S. 38). Man kann mutmaßen, daß der Dichter eigene vermeintlich schwache, depressive und suizidale Seiten wie in einen Container an seinen Protagonisten abgegeben oder vielleicht auch geopfert hat. Zwar läßt er Werther sich erschießen – mit der Pistole, die ihm Lotte wunschgemäß hat zustellen lassen – und damit zu einem als männlich geltenden Suizidmittel (vgl. Gerisch 1998) greifen. Aber der Protagonist, der das Todeswerkzeug »tausendmal küßt«, weil er von Lotte »den Tod zu empfangen wünschte« (S. 121), handhabt es ungeschickt. Der Suizidologe Lester (1969), der die These vertritt, Frauen würden Messer und Schußwaffen wegen geringer Körperkraft und *mechanischer Inkompetenz* als Suizidmittel verwerfen, sähe Werthers weibliche Züge insoweit als bestätigt an (vor allem, wenn er Ibsens Protagonistin »Hedda Gabler«, die schwangere Generalstochter, nicht in Betracht zöge, die sich mit einem sauberen Schuß in die Schläfe tötet). In Anbetracht dessen, daß der junge Goethe seinerzeit das Sich-Erdolchen als die einzig wirklich heroische Art und Weise, sich zu töten, angesehen haben will, hat er seinem Werther dieses Mittel jedenfalls vorenthalten.

Zu Beginn des Romans schafft der junge Dichter seinem Protagonisten mit »Wahlheim« ein adoleszentes Moratorium, wo er sich an Vergangenes trauernd erinnert und von einer Zukunft träumt, die eher einem Kinderparadies ähnelt und das Realitätsprinzip der männlichen Erwachsenenwelt, das ihn zu einem »stumpfen kalten Bewußtsein« (92) zu zwingen droht, nicht ohne Überheblichkeit verwirft. Um so empfindsamer erlebt Werther Wahlheim wie einen Spiegel seines Inneren, das sich nach »Übereinstimmung im Gemüt« sehnt.

Noch bevor ihn die Liebe zu Lotte erfaßt, wirkt Werther einsam und wie verloren; ein Adoleszenter, der sich »in der Fülle des Unendlichen zu verlieren sehnt« (S. 92). Der Text führt ihn als einen von Objektverlusten gezeichneten und von suizidalen Phantasien erfaßten Trauernden ein – »im Herzen das süße Gefühl der Freiheit, und daß er diesen Kerker verlassen kann, wann er will« (S. 14). Wie zur Eröffnung der Qualen, die ihm selbst bevorstehen, weil Lotte seine Liebe nicht erwidert, beginnt der Leidenstext damit, daß Werther ängstlich der »armen Leonore« gedenkt, deren Zuneigung er abgewiesen hat, wie ihn Lotte abweisen wird. Gleich eingangs auch drängt sich ihm der schmerzliche Verlust der toten Freundin seiner Jugend auf, »in deren Gegenwart ich mir schien mehr zu sein, als ich war, weil ich alles war, was ich sein konnte« (S. 12). Es ist diese Freundin und ihr Tod, die in seinen Gedanken und seinem letzten Brief an Lotte wiederkehren, wenn er versucht, eine Vorstellung zur Realität des Todes zu finden. Sein Anlehnungsbedürfnis, sich »anzubauen, mir irgend an einem vertraulichen Ort ein Hüttchen aufzuschlagen …« (S. 14), lassen seine verschmelzende Leidenschaft für Lotte wie eine Überlebensstrategie erscheinen, etwas Verlorenes wiederzufinden und zu ersetzen, um sich vor anstehenden Individuierungskonflikten zu schützen. Mit der Liebe zu Lotte eröffnet sich Werther eine Perspektive zu sein, als habe er sich mit ihr endlich selbst gefunden. »Ich habe kein Gebet mehr als an sie … und alles in der Welt um mich her sehe ich nur im Verhältnisse mit ihr« (S. 55). Der Gedanke, Lotte nicht *besitzen* zu können, bewirkt ein Gefühl von Selbstverlust. Der Leidende konstatiert, »wenn wir uns selbst fehlen, fehlt uns doch alles« (S. 53). Sein Verlorenheitsgefühl ohne das geliebte Objekt ähnelt Gretchens Klage: »Wo ich ihn nicht hab', ist mir das Grab ...« (Goethe, Faust I).

Kennzeichnend für das vergebliche adoleszente Ringen Werthers um innere Separation und Individuierung aus der paradiesischen Nähe zu Lotte sind seine wiederholt mißlingenden äußeren Trennungs- und Ablösungsversuche von Wahlheim, dem gewählten Daheim. Die Trennung von Wahlheim inszeniert Werther in der Phantasie wie die Vorwegnahme seines Todes. In der Ferne verschließt er sich in tiefer Depression jeder Möglichkeit eines beziehungsvollen Neubeginns und kehrt wie von einem regressiven Sog angezogen erschöpft und anklammerungsbedürftig zurück. Angesichts seiner Objektabhängigkeit und seiner Bedürftigkeit bleibt die Phantasie des ungestümen Losstürmens aus der bürgerlichen Ordnung und der Welt der Primärobjekte ein Wunschtraum. Werther fühlt sich nur existent in Lottes unmittelbarer Nähe, im narzißtisch-fusionierenden Gefühl seiner Leidenschaft für sie und im scheinbaren Einklang der Emotionen, der Phantasien und eines gemeinsamen Übergangsraums, in dem er Höhepunkte des Seins- und Einsseins-Gefühls mit ihr erlebt.

Werthers Liebe zu Lotte steht ganz unter dem Primat seiner subjektiven Wahrnehmung und Vorstellungskraft. Nur im letzten, erzählenden Teil des Romans erfährt der Leser etwas über Lottes innere Welt. In der Wahrnehmung des Verliebten behält sie den Charakter eines spiegelnden Selbstobjekts, eines lieblichen Bildes mit schwesterlich-mütterlichen Zügen, das seinem Erleben psychische Realität verleiht, vergleichbar der frühen Mutter-Kind-Beziehung (Stern 1985). Er »weidet sich wie ein glückliches Kind in ihren schwarzen Augen, versunken in ihre Rede, ohne ihre Worte zu hören« (S. 23). Bezeichnenderweise mißlingt ihm der Versuch, Lotte zu porträtieren und sie in ihrer Ganzheit als reale eigenständige Person zu erfassen. Er begnügt sich mit einem Schattenriß von ihr, der ihn überall hin begleitet, bis er ihn ihr vor seinem Tod zuschickt wie einen Teil von sich selbst, von dem er sich nun trennt.

In »Trauer und Melancholie« schreibt Freud 1917: »In den zwei entgegengesetzten Situationen der äußersten Verliebtheit und des Selbstmordes wird das Ich, wenn auch auf gänzlich verschiedenen Wegen, vom Objekt überwältigt (S. 439). An anderer Stelle charakterisiert Freud den Zustand äußerster Verliebtheit als Ausdruck einer vorwiegend narzißtischen Objektwahl beziehungsweise einer narzißtischen Identifizierung mit dem Liebesobjekt, die einer Besetzung des Objekts im Verlauf der sich entwickelnden Liebesbeziehung vorausgehe. Die Überwältigung durch das Objekt im Selbstmord führt Freud darauf zurück, daß das Ich im Zustand der Melancholie sich behandelt, als sei es selbst das Objekt, gegen das ein Mordimpuls gerichtet war. Der Romantext bringt Werthers Überwältigung durch das Liebesobjekt im Zustand der Verliebtheit deutlich zum Ausdruck. Ebenso auch den Übergang von einer zunächst psychisch stabilisierenden und integrierenden Wirkung des Objekts zu einer mehr und mehr desintegrierenden. Die Wahrnehmung Lottes als ein von ihm getrenntes, eigenständiges Objekt bestärkt Werthers Suizidalität. Bis zuletzt allerdings bleiben die auf Lotte gerichteten aggressiven Impulse verschleiert und sind nur als wunsch-verkleidete Vorstellung repräsentiert, von ihr den Tod zu empfangen.

Werthers Neigung, Beziehungen als ein Aufgehen im Objekt zu erleben, machen ihn, zusammen mit seiner adoleszenten Bereitschaft, sich vehement mit einem Objekt zu identifizieren, zu einem besonders teilnahmsvollen Beobachter derjenigen Szenarien, die im Text seinen Tod vorankündigen. Als ob er die innere Entwicklung, die zu seinem eigenen Untergang führt, vorausahnend durchlebe, gilt seine mitleidende Sympathie der jungen Selbstmörderin, über die er dem Brieffreund berichtet. Empathisch zeichnet er nach – als handle es sich um ihn selbst –, wie sie sich verliebend über ein heiteres Geplänkel schließlich »innigere Bedürfnisse« fühlt, sich »unwiderstehlich« zu einem Mann hingezogen fühlt, »die Welt rings um sich vergißt, nichts hört, nichts sieht, nichts fühlt als ihn« und »ihre Begierden« ganz ihre Seele umfangen. Der Geliebte verläßt sie. »Erstarrt, ohne Sinne, steht sie vor einem Abgrunde; alles ist Finsternis um sie her, keine Aussicht, kein Trost, keine Ahnung! denn der hat sie verlassen, in dem sie allein ihr Dasein fühlte. Sie sieht nicht die weite Welt, die vor ihr liegt, nicht die vielen, die ihr den Verlust ersetzen könnten, … – und blind, in die Enge gepreßt von der entsetzlichen Not ihres Herzens, stürzt sie sich hinunter, um in einem rings umfangenden Tode alle ihre Qualen zu ersticken« (S. 49).

Vergleichbar angezogen fühlt sich Werther von Heinrich, dem aus Liebe zu Lotte in Wahnsinn verfallenen Schreiber ihres Vaters, der am glücklichsten im Tollhaus war, »wo er nichts von sich wußte« (S. 89) und jetzt wie Shakespeares »Ophelia« Blumen pflückt. Werther beneidet ihn um die Verwirrung seiner Sinne, die den Wahnsinnigen das Leiden, das er selbst fühlt, nicht mehr spüren lassen. Mit großer Anteilnahme verfolgt Werther auch das Schicksal des Knechts, der seine verwitwete Herrin liebt und schließlich seinen Rivalen erschlägt. Sich öffentlich für diesen Knecht einsetzend, dringt nicht in Werthers Bewußtsein, daß er sich selbst verteidigt, wie um aufkeimende aggressive Gefühle gegen seinen Rivalen Albert, die der Knecht offen ausagiert, zu rechtfertigen.

Aus entwicklungspsychologisch-psychoanalytischer Sicht gibt der Text einen wichtigen Hinweis für Werthers Leidenschaft, mit Lotte wie in einer narzißtischen Dualunion verschmelzen zu wollen und sich von dieser Wunschvorstellung nicht trennen zu können – sowenig wie die junge Selbstmörderin, die nur im Geliebten ihr Dasein fühlte. Als kleiner Junge hat Werther den Vater verloren. Der Text gibt Werthers fragiles männliches Identitätsgefühl mit dem Mangel eines triangulierenden väterlichen Objekts zu verstehen (Blos 1990), insbesondere aber Werthers regressives und stagnierendes Verharren in einer Selbstobjektbeziehung, ohne zu einer Triangularität seiner Beziehungsfähigkeit finden zu können. Wilhelm, der Brieffreund, hat wie Lotte mehr die Funktion eines spiegelnden Selbstobjekts. Er ist kein Vatersubstitut, das Werther zu einer Ablösung aus der mütterlichen Welt der Frauen und Kinder verhelfen könnte. Bezeichnenderweise stellt Werther mit der zunehmenden Fixierung auf Lotte den Briefwechsel auch ein.

Es ist nicht Lotte, sondern zunächst ihr Vater, der Amtmann, der Werther Wahlheim so anziehend macht. Es ist auch Lottes Vater, der ihn schlußendlich väterlich-fürsorglich, wie es Werther wünscht, beerdigt. Der unverschmerzte frühe Verlust des Vaters scheint auch in Werthers Vorliebe für »seinen Homer«, dessen »Wiegengesang« ihn solange begleitet, bis er nur noch Verzweiflung fühlt und sich in die düsteren Gesänge des Ossian versenkt, zum Ausdruck zu kommen. Wie »ein Pilger im Heiligen Land« (S. 73) begibt sich Werther vor seinem Tod an den *vertraulichen Ort* seiner Kindheit, den die Mutter nach dem Tod des Vaters mit ihm verlassen hat. Schließlich richtet Werther seine Vatersehnsucht ins Jenseits, indem er sich Erlösung erbittend mit Jesus am Kreuz vergleicht. »Und würde ein Mensch, ein Vater, zürnen können, dem sein unvermutet rückkehrender Sohn um den Hals fiele und riefe: »Ich bin wieder da, mein Vater! Zürne nicht, daß ich die Wanderschaft abbreche, die ich nach Deinem Willen länger aushalten sollte« (S. 91). Im Abschiedsbrief an Lotte nennt er als erstes seinen Vater, zu dem er im Begriff sei, sich aufzumachen. Auch Werthers charakteristische innere Nähe zum Tod und Vertrautheit mit ihm, die den gesamten Text durchziehen, kann man als Symbolisierung seiner unabgeschlossenen Trauer um den verlorenen Vater verstehen. Der Tod als eine so oft geäußerte Zufluchtsmöglichkeit begleitet den Protagonisten wie ein drittes Objekt, das den Vater zu repräsentieren scheint.

In Anbetracht seiner auf den Vater gerichteten Vereinigungswünsche, denen man ein homoerotisches Element unterstellen kann, läßt sich Werthers Suizid nur vordergründig als Verzweiflungstat aus unerfüllter Liebe zu Lotte verstehen. Im Gegenteil setzt sich sein Wille zu sterben in dem Moment durch, als sich ihm diese Liebe, die er sich gern vorstellt, »wie ein anhaltendes Gebet« (S. 55, 79) zu erfüllen droht und die bislang geübte Verdrängungsoperation, die er gegen das Bewußtwerden seiner sexuellen Wünsche einsetzt, zusammenbricht. Es gibt eine Textstelle, die diesen Zusammenbruch der Abwehr und die damit aufkommenden Desintegrationsängste des jugendlichen Protagonisten besonders deutlich zu erkennen gibt: Siebzehn Monate vor seinem Selbstmord fühlt sich der Verliebte in der Nähe Lottes wie das allen Eisenwerks beraubte, zerfallende Schiff vor einem Magnetberg, von dem ihm die Großmutter erzählt hat (S. 41). Zwölf Tage vor seinem Selbstmord deckt ihm ein Traum wie in einem Verdrängungsdurchbruch sein auf Lotte gerichtetes sexuelles Begehren auf und besiegelt seinen Entschluß zu sterben.

Lotte, die selbst wünscht, Werther »zum Bruder umwandeln zu können« (S. 106), scheint seine desintegrierenden Ängste mit ihrer Bemerkung, daß nur die Unmöglichkeit, sie zu lieben, ihm diesen Wunsch »so reizend« (S. 103) mache, unabsichtlich deutend zu intensivieren. Es ist nicht zuletzt auch Lotte, die Werthers Todesphantasien bestärkt, indem sie beispielsweise anläßlich seines Trennungsversuchs von Wahlheim über Wiedervereinigungsmöglichkeiten im Jenseits phantasiert, als ob sie ihm eine Konfliktlösung signalisiere, die im Diesseits nicht bewältigbar ist, wenn nicht geradezu empfehle. Nach der ersten und auch letzten fast gewaltsamen Umarmung Lottes – wie wenn sein sich selbst fremder Körper die Fremdheit des Körpers der scheinbar vertrauten Geliebten aufzuheben versuche – trennt sich Werther von Lotte wie depersonalisiert und erschießt sich am nächsten Tag. Obgleich »ihr Herz ihr alle Schrecknisse weissagt« (S. 120), hat ihm Lotte wie ein Todesengel die Pistolen Alberts aushändigen lassen – beinahe so, als ob sie ihm in vernichtender Absicht etwas von der männlichen Potenz ihres jungen Ehemannes ausleihe. Dergestalt unbewußt geradezu aufgefordert zum Selbstmord, bleibt Werther nur noch, mit der Wahl seines Todesdatums am Tag vor Weihnachten einen adoleszenten Schlag gegen die bürgerliche Idylle zu führen – um das Paar wenigstens etwas von seinem Leiden spüren zu lassen.

Werthers suizidale Geste hat viele adoleszententypische Facetten: Flucht zum schützenden frühen Vater im Jenseits; Flucht vor seinen sich ins Bewußtsein drängenden Impulsen – den inzestuös-erotischen Wünschen wie den aufkeimenden, bis zuletzt in der Idealisierung gehaltenen aggressiven Empfindungen, die er gegen seinen Körper wendet, der nicht mehr der Körper eines schwärmerischen kleinen Jungen ist; weiter einen einerseits im Ansatz antifusionären Abgrenzungsversuch vom Liebesobjekt, das er als eigenständige Person deutlicher wahrnimmt, während er andererseits diese Objektwahrnehmung und Realitätseinsicht wie die damit verbundene Distanzierung mit der Hoffnung auf jenseitige geschwisterliche Vereinigung auch wieder aufhebt.

Laufer und Laufer (1984) und Laufer (1995) unterstreichen zu ihren Forschungsergebnissen über die Suizidalität Adoleszenter beiderlei Geschlechts ein hohes Suizidrisiko bei Fragilität des geschlechtlichen Identitätsgefühls zusammen mit einer gescheiterten Integration des sexuell reifen Körpers in das Selbst. Wenn die Besetzung des geschlechtsreifen Körpers im Rahmen des adoleszenten Separations-/Individuationsprozesses mißlingt, wird der Körper wie ein vom Selbst abgespaltenes Objekt wahrgenommen und behandelt. Dem Suizidversuch kommt unter diesen inneren Voraussetzungen eine psychisch integrierende Funktion zu, die die Angst vor dem Zusammenbruch bändigt. Das Bild von dem allen Eisenwerks beraubten, zerfallenden Schiff vor einem Magnetberg gibt eine derartige Angst vor dem Zusammenbruch wieder. Den drohenden Kontrollverlust infolge des Durchbruchs sexueller Wünsche in das Bewußtsein hebt Werther mit dem Entschluß zu sterben auf. Auch Lessings adoleszente Protagonistin »Emilia Galotti« gewinnt die Kontrolle über ihre geheimen sexuellen Wünsche und die Angst vor der Verführbarkeit, indem sie sich vom Vater erdolchen läßt. Unmißverständlich gibt der Werther-Text insgesamt zu verstehen, daß dem Selbstmord des Protagonisten ein subjektiver Sinn zugrunde liegt und ihm eine psychische Funktion zukommt.

Seinen Werther, bekennt Goethe in »Dichtung und Wahrheit« (1811-13/1982), habe er »ziemlich unbewußt, einem Nachtwandler ähnlich« (S. 587), geschrieben und ihm eine Glut eingehaucht, »wie sie keine Unterscheidung zwischen dem Dichterischen und dem Wirklichen zuläßt«. Er habe sich danach gefühlt »wie nach einer Generalbeichte«. Aus seinen Worten wird allerdings nicht ersichtlich, was er denn zu beichten gehabt hätte. Vielleicht eine als unangemessen empfundene, schmerzliche adoleszente Sehnsucht nach dem schützenden, kontrollierenden und triangulierenden Vater. Vielleicht die rabiate Entwertung seiner weiblich-mütterlichen Identifizierungen. Vielleicht auch war der junge Dichter beim nachtwandlerischen Schreiben von der Phantasie mitbestimmt, einen Selbstmord der Schwester, zumindest aber ihren Tod noch eher in Kauf nehmen zu können als ihren Verlust durch Heirat. Die Figur des Werther läßt letztlich keine geschlechterdifferente Perspektive zu. Werther könnte auch eine Frau sein. Die Anspielung auf Emilia Galotti im Werther-Text, die sich vom Vater umbringen läßt, um ihre Tugend zu retten, bekundet jedenfalls ein gewisses Einverständnis des Dichters mit ihrem Tod und damit möglicherweise auch mit dem Cornelias. Derartige Überlegungen zum realen und nicht zum impliziten Autor des Werther drängen sich auf oder scheinen jedenfalls nicht unangemessen, weil er sich so scheinbar offen selbst dazu geäußert hat. In »Dichtung und Wahrheit« charakterisiert er seine Schwester Jahrzehnte später als eine zur sexuellen Liebe nicht geeignete Frau und unterstellt ihr damit Persönlichkeitszüge, die er in der Fiktion der »Leiden des jungen Werther« poetisch ausführt. Drei Jahre nach dem Erscheinen dieses Romans ist Goethes Schwester in tiefer Depression gestorben (Prokop 1985).

III[2]

Aber mein Innres überlaßt mir selbst!
(J. W. v. Goethe »Die Wahlverwandtschaften«)

Mehr als 30 Jahre nach dem Werther-Text erscheint Goethes Roman »Die Wahlverwandtschaften« (1809). In der Figur der Adoleszentin Ottilie, die sich in diesem Text durch Verzicht auf Sprache und Nahrung vernichtet, kann man ein weibliches Pendant zum Protagonisten Werther sehen. Beider Lebensmöglichkeit zerbricht dem Anschein nach an der Unerfüllbarkeit ihrer Liebe zu einem mit einem Partner verbundenen Liebesobjekt. Beide sind von einer Liebesleidenschaft ergriffen, die sich im wahlverwandtschaftlichen Einssein mit der geliebten Person zu erfüllen trachtet und so den Keim der Selbstaufgabe in sich trägt. Beide entsagen dieser Liebe durch Verzicht auf Sexualität und Leben. Gedanken an den Tod und an ein Leben im Jenseits gehören wie selbstverständlich zur Vorstellungswelt der beiden Protagonisten lange vor ihrem Selbstmord. Werther verbalisiert seine Vertrautheit mit dem Tod. Die schweigsame Ottilie ist im Text von zahlreichen symbolischen Anspielungen auf den Tod umgeben und als Person weit weniger präsent als Werther. Im Unterschied zu ihm gehört zur Erscheinung Ottilies eine ihr eigene depressive Bescheidenheit, als sei ihr ihr Leben wie von einer inneren *Bahn* unerläß-

2 Dieses Kapitel enthält veränderte Textauszüge aus Berger, M. »Durch diese schöne Anstrengung mit sich selbst bekannt gemacht …«. Über Texte zu Töchtern und Vätern. In: Berger, M.; Wiesse, J. (Hg.) (1996), Geschlecht und Gewalt. Psychoanalytische Blätter, Band 4, Göttingen, S. 120-160.

licher Entsagung vorgezeichnet, die sie nur vorübergehend, bewegt von ihrer Liebe zu Eduard, überschreitet. Der Text signalisiert einen Zusammenhang dieser strengen Bahn Ottilies mit der verinnerlichten toten Mutter. Werther spricht von nichts anderem als von sich. Sie lebt und liebt wie eine Schlafwandlerin, deren Ich, deren Lebensrhythmus sich mehr und mehr in dem Geliebten aufzulösen droht. Ottilies Handschrift nimmt die Schriftzüge Eduards an. Beim Musizieren paßt sie sich seinem dilettantischen Flötenspiel dergestalt an, daß zwar nicht eine der Komposition, aber ihrer beider Seelenverwandtschaft gerechte dyadische Melodie zustande kommt. Stillschweigend und intuitiv versteht Ottilie »jeden Blick, jede Bewegung, ein halbes Wort, einen Laut«, wieviel Zucker Eduard in den Tee liebt und daß er Zugluft haßt. Einer der stärksten symbolischen Verweise auf eine innige Verwandtschaft Ottilies und Eduards ist ein heimlicher Seelenschmerz, der in einem beide befallenden linksseitigen Kopfschmerz psychosomatischen Ausdruck findet.

Die sanfte, anmutige Ottilie ist Vollwaise. Nach einsamen Internatsjahren wird sie als ein vermeintlich schüchternes Dummchen von ihren Gasteltern Charlotte und Eduard in deren scheinbar konfusionsresistente Welt aufgenommen; eine ähnlich unbestimmte Zukunft vor sich wie der vaterverwaiste Werther, wenn er nach Wahlheim kommt. Die Wörter Wahl-Heim und Wahl-Verwandtschaft, die den lebensentscheidenden Abschnitt der adoleszenten Entwicklung Werthers und Ottilie markieren, signalisieren eine nicht unzufällige Analogie. Ottilie richtet auf Charlotte kindliche Anlehnungsbedürfnisse und verhaltene Identifikationswünsche, ohne viel mehr als eine gezwungene Resonanz zu finden. Eduard dagegen, von Ottilies Anmut und sanfter Schönheit und vom intuitiven Gefühl der Seelenverwandtschaft mit ihr entzückt, bietet sich ihr als Vaterersatz und Geliebter in Personalunion an. Indem er sich in Ottilie wie in einem Selbst-Objekt spiegelt, verfehlt er eine empathische Aufmerksamkeit für ihre Person. Ihre Schweigsamkeit nimmt er so wenig wahr, daß er sie am Morgen nach ihrer Ankunft für ein »unterhaltendes Mädchen« hält. Er nötigt sie, ihm das Portrait ihres Vaters zu überlassen, das sie als Amulett um den Hals trägt, wie um ihre persönliche Geschichte und ihr Inneres ganz für sich – einem verführenden Ersatzvater – zu reservieren. Erst kurz vor ihrem Tod verwahrt Ottilie das Amulett wieder bei sich zum Zeichen der Entschlossenheit, ihre Verstrickung mit Eduard zu lösen. Als Ottilie sich später – hierin entschiedener als Werther – zu einer äußeren Trennung und inneren Lösung von dem Ersatzelternpaar durchringt, durchkreuzt Eduard ihre Individuierungsabsichten und inszeniert damit ihren endgültigen destruktiven Rückzug, der im Hungertod endet. Ein rotes Köfferchen mit Schmuck und schönen Gewändern, das er der nonnenhaft Anspruchslosen schenkt, als ob er sie sich damit in eine sexuell aktive Frau verwandeln könnte, wird im Text zum Symbol der verschlossenen, ungelebten Weiblichkeit Ottilies. Erst vor ihrem Tod legt sie ein bräutliches Gewand aus diesem Koffer an.

Gleichwohl ist Ottilie von einer stillen Leidenschaft für Eduard erfaßt, der sich gern wie ein verwöhntes Kind gebärdet. Sie umgibt ihn mit der hingebungsvollen und fürsorglichen Aufmerksamkeit und Liebe, die sie selbst nie erfahren hat. Ein sexuelles Begehren nach Eduard wagt sich nicht in ihr Bewußtsein. Nachdem Eduard und Charlotte das »sonderbare« Kind gezeugt haben, das Eduard in seiner Phantasie mit Ottilie hätte werden lassen wollen, und er sich durch Abwesenheit allen Konflikten entzieht, bemuttert Ottilie dieses Kind wie einen Teil ihrer selbst. In seiner Elternverlassenheit spiegelt ihr das Kind, das sie mit ihren Augen anzublicken scheint, ihre eigene frühe und adoleszente Verlassenheit. Widerspruchslos nimmt Ottilie die ihr aufgezwungene Rolle einer heiligen Jungfrau-Mutter an. Der Text unterstreicht diesen Eindruck durch eine für Ottilie charakteristische abweisende Körpergebärde, als ob sie sich vor unerwünschter Eindringung schütze.

Wie im Werther-Text enthält die Liebesutopie der wahlverwandtschaftlichen Verschmelzung ein scheinbar inzestuöses Element. Denn Ottilie empfindet Charlotte, die Freundin ihrer früh verstorbenen Mutter, und Eduard als ihre – still ersehnten – Ersatzeltern, als welche sich das vor kurzem in zweiter Ehe vermählte Paar auch verstehen möchte. Durch Eduards Übergriffigkeit gerät Ottilie in den Konflikt eines kleinen Mädchens, dem sich der Mann der Mutter als Geliebter anbietet. Das Kleinmädchenphantasma, mit dem Vater zusammen ein Kind zu haben, scheint durch Ottilies jungfräuliche Mutterschaft für das *Wunderkind* ihrer Ersatzeltern verwirklicht, als ob – zumindest in der Phantasie – ein Inzest stattgefunden hätte.

Werther vergleichbar, den ein Traum und die gewaltsame Umarmung Lottes in einen depersonalisiserten Zustand versetzt, der seinen Entschluß zu sterben besiegelt, führt das plötzliche Bewußtwerden ihrer auf Eduard gerichteten sexuellen Wünsche Ottilie in die Katastrophe. Nachdem sie den unerwartet Zurückgekehrten zum ersten Mal »aufs zärtlichste an ihre Brust« (S. 456) drückt, entgleitet ihr sein und Charlottes Kind und ertrinkt. Mit der unbewußten Kindstötung bringt der Text das unter der erzwungenen Maske der Jungfau-Mutter gut verborgen gehaltene aggressive Potential der sanften Ottilie zum Ausdruck, das sich im Moment der erotischen Erregung wie in einer Triebentmischung jähen Ausdruck verschafft. Wie um auf das Wiedersehensglück des Liebespaares keinen Schatten fallen zu lassen, ist es nicht Eduard, der sich entzogen hat, sondern das Kind, auf das sich unbewußt ihre aggressive Aufwallung richtet. Das Kind bezeugt durch seine Existenz die sexuelle Beziehung der Ersatzeltern. Unbewußt beseitigt Ottilie mit dem Kind einen Rivalen, der ihrer Verbindung mit Eduard im Weg zu stehen scheint. Der Tod des Kindes mit den ihr gleichen Augen wirkt aber auch wie die Vorankündigung von Ottilies eigenem Tod. Sie läßt das leibliche Kind ihrer Ersatzeltern sterben, wie dann sich selbst, deren brave Pflegetochter. Schon anläßlich der Taufe des Kindes, das der Adoleszentin durch seine Existenz die Brüchigkeit des wahlverwandtschaftlichen Einsseins mit Eduard vor Augen führt, betrachtet Ottilie den bei dieser Gelegenheit verstorbenen Geistlichen »mit einer Art von Neid. Das Leben ihrer Seele war getötet; warum sollte der Körper noch erhalten werden?« (S. 422).

Verstrickt in den ödipalen Konflikt mit den Ersatzeltern und in reale Schuld verbietet sich die trauernde Ottilie nunmehr ihre Liebe zu Eduard und auch ihre Bedürftigkeit nach der Nähe zu Charlotte, will beide verlassen und im ehemaligen klösterlichen Internat eine Aufgabe übernehmen. Eduard durchkreuzt ihren Verzicht und ihre Trennungsanstrengungen und nötigt sie zum Verbleib. Charlotte gibt Eduard an Ottilie frei. Doch Ottilie wählt den Weg des aggressiven Verzichts. Aus dem Leben zu dritt zieht sie sich autistisch zurück, bedingt sich aus, allein zu speisen, und spricht zu beiden kein Wort mehr – mit Ausnahme eines letzten Satzes an Eduard, bevor sie stirbt. Im Distanzierungsversuch vom Ersatzelternpaar hungert sie sich wie in einen Kokon gehüllt zu Tode. Als heilige Braut wird sie festlich bestattet. Vermeintlich wahlverwandt stirbt ihr Eduard sich gleichfalls psychosomatisch auslöschend nach.

Verglichen mit dem beredten Werther sind Ottilies Mitteilungen über sich selbst und über ihren Beschluß zu sterben weitgehend auf die Sprache des Körpers reduziert. Durch den gesamten Text »spricht« sie mehr mit ihren Augen, ihren Bewegungen, mit der Anmut ihrer körperlichen Präsenz, durch Gesten und Zeichen. Obgleich sie schreibt, verschweigt sie auch ihrem Tagebuch – das ihre nonnenhafte Eigenständigkeit und ihr kluges Urteil belegt – ihr inneres Erleben weitgehend. Indem die Sanfte aber Sätze notiert wie: »Durch das, was wir Betragen und gute Sitten nennen, soll das erreicht werden, was außerdem nur durch Gewalt oder nicht einmal durch Gewalt zu erreichen ist« (S. 396), gibt sie gleichwohl zu erkennen, daß sie die sublime Gewaltsamkeit guter Sitten durchschaut, die ihre Ersatzeltern durch hartnäckige Harmonisierung, Konfliktverleugnung und umfassende Kontrolle physischer und psychischer Gefahren in Schach zu halten bemüht sind. Das Tagebuch offenbart eine von ihrer Umgebung kaum wahrgenommene Scharfsinnigkeit Ottilies, die sie selbst auch erfolgreich zu verbergen versteht. So als dürfe sie sich als die Person, die sie ist, nicht bemerkbar machen – als Voraussetzung dafür, geliebt zu werden. Ihre an ein szenisches Verstehen appellierende Art sich mitzuteilen findet, lange bevor sich Ottilie schweigend aushungert, keine ihr gemäße empathische Resonanz. Der nimmermüde Hinweis im Text auf Ottilies Schönheit, als sei sie ein Bild, unterstreicht, wie wenig sich die Adoleszentin als Person gesehen fühlen kann. Dergestalt mißverstanden, wirkt der entschiedene Rückzug Ottilies hinter eine Mauer des Schweigens ebenso folgerichtig wie der Umstand, daß die Ersatzeltern ihr langsames Dahinsterben unter dem gemeinsamen Dach nicht bemerken. Sie erhalten von Ottilie, kurz bevor sie stirbt, eine schriftliche Mitteilung: »Warum soll ich ausdrücklich sagen, meine Geliebten, was sich von selbst versteht? Ich bin aus meiner Bahn geschritten und ich soll nicht wieder hinein … Duldet mich in eurer Gegenwart, erfreut mich durch eure Liebe, belehrt mich durch eure Unterhaltung; aber mein Innres überlaßt mir selbst!« (S. 477). Das mag soviel heißen wie: genug der verführerischen Mißverständnisse. Ich bin nicht eine Ottilie nach eurem Bild und lasse mich auch nicht weiter ein auf die Ver-Bildung, die ihr mit soviel Eifer und gewaltsamer Sitte an mir vorgenommen habt. Es gibt in mir etwas Ureigenes, ein wahres Selbst, das ich eurer mich aufbrauchenden duldenden Liebe nicht überlasse.

Wie im Werther-Text gibt es auch in den Wahlverwandtschaften zum suizidalen Agieren der Protagonistin einen intertextuellen Verweis auf den Suizidversuch einer anderen jungen Frau. Sie stirbt nicht. Ihr an den Geliebten gerichteter Appell – sie stürzt sich vor seinen Augen ins Wasser – entdeckt ihm seine wahren Empfindungen für sie und führt eine glückliche Liebesvereinigung herbei. Dieses Paar ist nicht wie Ottilie und Eduard in ein wahlverwandtschaftlich verkennendes Einssein und in ödipale Schuld verstrickt. Die »wunderlichen Nachbarskinder« haben sich vielmehr ausgesprochen gegenteilig dazu in einem »sonderbaren Widerwillen« von der Kinderzeit an nahezu gewaltsam voneinander abgegrenzt und, wenngleich einander zugetan, eine so eigenständige persönliche Entwicklung genommen, daß sie sich in ihrer Zuneigung beinahe verfehlt hätten. Die junge Frau, die sich ertränken will, kann ihrem Begehren (und unbewußt vielleicht ihrem Schwangerschaftswunsch) im Suizidversuch deutlichen Ausdruck verleihen, während Ottilie, die sich ihres Begehrens entledigt, als entsagende pseudoautistische Heilige stirbt.

Ottilies Abschiedsbotschaft und ihr Tod erinnern an die angebliche Mitteilung der anorektischen Heiligen Katharina von Siena an ihren Beichtvater: »Es genügt, dir eine Zelle im Kopf zu bauen, aus der du nie ausbrechen kannst« (Bell 1985; von Braun 1993). Bell interpretiert die Magersüchtigkeit einer Vielzahl von Renaissance-Heiligen als Ausdruck einer spezifischen, gesellschaftlich erzwungenen Form weiblicher Subjektivierung, die sich von den Heiliggesprochenen über die hungernden Suffragetten bis zu den Autonomiebestrebungen anorektischer Adoleszentinnen der Gegenwart fortsetzt im Sinne einer psychosomatischen Verteidigungsstrategie gegen imaginierte und real widerfahrene physische und psychische Vereinnahmung. Ein Rettungsversuch des Subjekts, dem der weibliche Körper zum Opfer gebracht wird, weil und soweit er allein dem männlichen Begehren dienlich ist. Aber »die Zelle im Kopf« macht noch kein Subjekt. Allenfalls ein totes, wenn und weil sie gebaut ist, um den Ausbruch zu verhindern. Ottilies beschwörender Appell – »aber mein Innres überlaßt mir selbst!« – repräsentiert eine solche Zelle im Kopf, die einerseits Abgrenzung und Autonomie von der regressiven wahlverwandtschaftlichen Verschmelzung mit dem Objekt gewährleistet und andererseits am Ausbruch, an der Trennung vom Objekt hindert. Ottilies Autonomieversuch vollzieht sich unter der Voraussetzung der Herstellung eines aktiv von den Objekten entleerten, sprachlosen Raumes, um weder deren Unerreichbarkeit noch deren Überwältigung weiter erleiden und spüren zu müssen. Aber auch noch der leere Raum hat einen Bezug zu diesen Objekten, von denen sich Ottilie nur physisch wirklich trennen kann. Der Text legt nahe, daß das *Innre* Ottilies in diesem leeren Raum verortet ist und nicht nur das wahre Selbst, sondern auch den Tod meint, der ihr überlassen bleiben soll.

Die zahlreichen Anspielungen auf den Tod, die die Figur der Ottilie durch den ganzen Text begleiten und ihren Tod vorankündigen, legen nahe, das *Innre* Ottilies nicht nur als verdichteten Ausdruck für eine abgrenzende Identitätsdefinition und Subjektivierungsanstrengung zu verstehen, sondern als Metapher für den Tod. Die ihr eigene Bahn der Entsagung, von der im Text immer wieder die Rede ist und von der Ottilie abgewichen war, um sie schließlich selbstbestrafend wieder aufzunehmen, wäre demnach ein sinnbildhafter Verweis auf die verinnerlichte tote Mutter und die unabwendbare Präsenz des Todes im Leben, für den der implizite Autor im Roman Ottilie ausersehen hat und sie ihm als »schöne Leiche« opfert. Es ist nur konsequent, wenn er sie nach ihrem Tod zur wundertätigen Heiligen erhöht und ihr nunmehr einen einzigartigen Subjektstatus zuschreibt. Ihr Tod wird zum feierlichen Wegbereiter einer himmlischen Vereinigung des wahlverwandten Paares funktionalisiert und gefeiert – doch nicht, ohne den destruktiven Aspekt der wahlverwandtschaftlichen Liebesutopie kenntlich zu machen. Denn Ottilie erscheint als das Opfer dieser Männerphantasie (im Text ist es Eduard, der sie aufbringt), die ihre Individuierungsmöglichkeiten unterbindet und zu ihrer chronischen Verkennung und narzißtischen Ausbeutung beiträgt. Eduard ist außerstande, die seelischen Qualen seiner wahlverwandten Geliebten auch nur zu erahnen. Nicht einmal ihren letzten an ihn gerichteten Satz – »versprich mir zu leben!« (S. 484) nimmt er als eindeutige Botschaft Ottilies ernst, eine von ihm getrennte, eigenständige Person zu sein. Vielmehr bemüht er sich, nicht ohne Anflug von Komik im Text, ihren Tod wahlverwandtschaftlich zu imitieren, obschon ihm die Erkenntnis der Nicht-Verwandtschaft mit ihr dämmert. »Es ist eine schreckliche Aufgabe, das Unnachahmliche nachzuahmen. Ich fühle wohl, Bester, es gehört Genie zu allem, auch zum Märtyrertum« (S. 490). Wie Eduard und allen wahlverwandtschaftlichen Träumern zum Trost resümiert der Text: »Jedes Bedürfnis, dessen wirkliche Befriedigung versagt ist, nötigt zum Glauben« (S. 488).

Die Anregung Goethes für die Figur der Ottilie geht angeblich auf seine Eindrücke im elsässischen St. Odile nahe Straßburg zurück. In der Kapelle der dortigen Klosteranlage sind die Gebeine der heiligen Ottilie aufbewahrt, die, selbst blind geboren und vom Vater verstoßen, durch ihre Taufe von ihrer Blindheit geheilt, ihrerseits Blinde auf wundersame Weise sehend gemacht haben soll. Vielleicht war Goethe besonders inspiriert von der Heiligen, weil sie oft abgebildet ist als Erlöserin ihres Vaters und so aufs schönste zu bestätigen scheint, wie das »ewig Weibliche« (Faust II) hinanzieht und so mütterlich den Vater wieder zum Sohn werden läßt. Wie ihr heiliges Vorbild ist Ottilie von ihrem Autor – auch als ein Muttersubstitut – dazu ausersehen, ihren Ersatzvater Eduard in eine schuldlose himmlische Vereinigung mit ihr zu erlösen. Aber auch dazu, ihre Objekte sehend und die Präsenz des Todes sichtbar zu machen.

Die Darstellung von Ottilies gewaltsamem Rückzug von den elterlichen Objekten in die psychische Isolierung und in den Hungertod mutet an wie die Vorwegnahme einer Analyse zur Manifestation der Pubertätsmagersucht junger Mädchen der Gegenwart im Kontext der Beziehung zu den elterlichen Objekten und deren interpersonellem und intrapsychischem Erleben. Zumal der Text die Aufmerksamkeit des Lesers immer wieder auf die Frage nach den emotionalen und strukturellen psychischen Voraussetzungen und Bedingungen der bürgerlichen Ehe – im Kontrast zur wahlverwandtschaftlichen Liebe – lenkt. Mit der Figur des Mittlers im Romantext scheint sogar die Rolle des Familientherapeuten der Gegenwart, der die Ablösungs- und Individuierungskonflikte innerhalb der ödipalen Triade lösen zu können glaubt, vorweggenommen. Der Text bezieht Ottilies scheiternden Entwicklungsprozeß im inneren Dilemma zwischen regressiver Objektbedürftigkeit und progressiven Individuierungswünschen sowohl auf ihre identifikatorischen Wünsche und Konflikte mit dem Muttersubstitut Charlotte wie auf das verführerische, narzißtische und besitzergreifende Vatersubstitut Eduard. Der Roman charakterisiert Ottilie mit ihrem ersten Auftritt als eine Adoleszentin, die ihren Körper, der ihrer Umgebung so anmutig und so schön erscheint, als ihr fremd und wie nicht ganz zu ihr gehörig empfindet. Die harmonisierenden, konfliktscheuen und manipulativen Strategien ihrer Ersatzeltern lassen ihr keine Chance, sich aus der Rolle des Objekts bedrängender und verführerischer Fürsorge und des scheinbaren Verständnisses zu befreien. Die emotional so bedürftige, verwaiste Ottilie ist für Eduards besitzergreifendes wahlverwandtschaftliches Werben besonders empfänglich. Der Konflikt, den Mann ihrer Ersatzmutter zu lieben, trägt zur Intensivierung ihrer adoleszenten Ängste bei, eine erwachsene Frau mit eigenen, auch körperlichen Wünschen zu werden. Demzufolge gerät Ottilie immer mehr in einen Zustand der psychischen Stagnation, der ihre psychischen und physischen adoleszenten Ablösungs- und Individuierungsmöglichkeiten mehr blockiert als fördert. Wenn sie schlußendlich ihren Körper wie ein böses Objekt behandelt, das zum Feind ihres strengen infantilen Über-Ich und ihres Ich-Ideals wird, gibt der Text mit ihrem Hungertod dem Scheitern ihres Separations- und Individuierungskonflikts, dessen Austragungsort vor allem der Körper ist, deutlichsten Ausdruck. Sie vernichtet ihren Objekten und sich selbst diesen Körper.

IV

Denn jetzt steig' ich in meinen Busen nieder,
gleich einem Schacht, und grabe, kalt wie Erz,
mir ein vernichtendes Gefühl hervor.
Dies Erz, dies läutr' ich in der Glut des Jammers
hart mir zu Stahl; tränk' es mit Gift sodann,
heißätzendem, der Reue, durch und durch;
trag' es der Hoffnung ew'gem Amboß zu
und schärf' und spitz' es mir zu einem Dolch;
und diesem Dolch jetzt reich' ich meine Brust:
So! So! So! So! Und wieder! – Nun ist's gut.
(Sie fällt und stirbt.)
(H. v. Kleist »Penthesilea«)

Heinrich von Kleists Trauerspiel »Penthesilea« (1808) entsteht etwa zeitgleich mit dem Roman »Die Wahlverwandtschaften« (1809). Es eröffnet als poetisches Kunstwerk formal, sprachlich und inhaltlich neuartige Dimensionen, die hier nicht diskutiert werden können (Dettmering 1975, 1986; Graham 1977; Herrmann 1992; Kristeva 1978; Schuller 1994). Ich möchte nur das einzigartige Selbstmordszenario der jugendlichen Amazonenkönigin Penthesilea – und zwar vorwiegend aus der Perspektive der textimmanenten Hinweise zur Psychodynamik der Mutter-Tochter-Beziehung – in Betracht ziehen.

Der fiktive Amazonenstaat Kleists ist eine gegen das männliche Geschlecht verschworene Gemeinschaft von Müttern und Töchtern, aus der seit Generationen Väter und Söhne, Ehemänner, Brüder und Liebhaber ausgeschlossen sind. Der einzige und gemeinsame »Mann« der Amazonen, die sich als *Marstöchter* bezeichnen, ist der Kriegsgott. Er hat die Funktion zu überwachen, daß sich Lust und Begehren der Frauen von einer Generation zur anderen allein auf das Kriegführen richten und sich darin auch weitgehend erschöpfen. Zur völkischen Ideologie des Amazonenstaates gehört die Verleugnung der Urszene und der genitalen Sexualität. Das dritte Objekt, ob Vater, ob Geliebter, gibt es nicht. Demzufolge auch keine realen ödipalen Objekte. Eine triangulierende und symbolisierende väterliche Instanz fehlt. Die Infragestellung und Auseinandersetzung mit der amazonischen Tradition ist mit einem

Symbolisierungsverbot belegt, das im Trauerspiel szenisch und verbal zum Ausdruck gebracht ist. Aus allen diesen Gründen läßt sich der Amazonenstaat als ein poetisches Beispiel für ein strukturell und traumatisch verankertes Individuierungsverbot der Tochter verstehen, die sich im Verlauf der Adoleszenz aus den bewußten und unbewußten Identifizierungen mit der Mutter nicht lösen kann (Berger 1989; Dahl 1995; Rohde-Dachser 1990). Infolge Transmission traumatischer Erfahrung im Sinne einer *Ineinanderrückung der Generationen* (Faimberg 1987), steht der Tochter kein psychischer Raum für eine eigenständige Entwicklung und Deidentifizierung von der Mutter zur Verfügung. Das Erleben und der Körper der Tochter unterscheidet sich nicht von dem der Mutter. Als einem Duplikat der Mutter fehlt auch der Tochter die rechte Brust.

Das in eine zeitlose mythische Zeit verlegte Trauerspiel Kleists kann man als Darstellung des Versuchs der Protagonistin Penthesilea sehen, sich aus den Identifizierungen mit der Mutter und mit dem Amazonenvolk zu lösen und als ein eigenständiges weibliches Subjekt ein Nicht-Mutter-Objekt – den Thetissohn Achill – zu besetzen und zu lieben. Indem der Text diesem Prozeß sichtbaren Ausdruck verleiht, stellt Penthesilea mit ihrer eigenen Geschichte zugleich die der Mutter enttabuisierend dar. So gesehen vermittelt der fast 200 Jahre alte Text verblüffend moderne psychodynamische Perspektiven zur Konflikthaftigkeit adoleszenter Individuierung und Suizidalität einer Spätadoleszentin (dem indirekten Hinweis im Text zufolge ist Penthesilea 23 Jahre alt), die sich aus der narzißtischen Verklebung mit der Mutter (vgl. Faimberg 1987) gewaltsam befreit. Der Text macht im stürmischen Handlungsablauf den konflikthaften Prozeß der Deidentifizierung Penthesileas aus der Mutterwelt sichtbar, indem er ihm durch Externalisierung in ein Schlachtgetümmel auf Leben und Tod Gestalt gibt. Innere progressive und regressive Bewegungen der Protagonistin kommen im Widerschein ihres wechselnden Kriegsglücks im Kampf mit Achill zum Ausdruck.

Wie außer Atem inszeniert Kleist in 24 Auftritten die unmögliche Liebe zwischen dem Griechenheld Achill und der Amazonenkönigin Penthesilea im Zusammenstoß des Amazonenheeres mit den gegen Troja ziehenden Griechen. Dem Achill steht im Kreis der berühmten Helden Odysseus väterlich zur Seite. Die Amazonenkönigin agiert im Schutz ihrer jungfräulichen Gefährtinnen unter dem wachsamen Auge der Oberpriesterin als der Repräsentantin des amazonischen Gesetzes, dessen Kontrolle in letzter Instanz Mars obliegt. Die Griechen ziehen wegen einer geraubten Frau zu Felde. Die Amazonen sind im Begriff, sich unter der Führung ihrer Königin Männer zu rauben, die wie anonyme Samenspender dazu bestimmt sind, zum rituellen Rosenfest die weibliche Nachkommenschaft des Frauenstaates zu gewährleisten. Sie »mähen« sie sich wie der Bauer die Ernte.

Zwei konträre Welten treffen aufeinander und ineinander. Die eine väterlich-männlich geordnet, die andere mütterlich-weiblich archaisch und in den Augen der Griechen ebenso unberechenbar wie gefährlich. Das einzig verbindende Element scheint die Lust am Krieg zu sein, die Selbstverständlichkeit von Raub und Mord. Während die Frauen das Kriegsziel der berühmten Helden kennen, tappen die Griechen im dunkeln und halten die Amazonen irrtümlich für Verbündete. Nur Achill, der selbstgefällige Frauenkenner, glaubt die Amazonen und ihre Königin zu durchschauen: den Frauen gehe es – obgleich sie sich immerzu in die Schlacht werfen – letztlich nur um das eine. Er ist nicht abgeneigt, die Amazonenkönigin auf dem Weg nach Troja zu vernaschen – nichtsahnend, daß sie ihrerseits diese methaphorisch verkleidete, antizipierte Inbesitznahme ihrer Person buchstäblich realisieren wird, indem sie ihn mit ihren Zähnen zerfleischt und sich in seinen lebendigen Leib frißt. Danach tötet sich Penthesilea.

Von was für einer Wahrnehmung der Realität und ihrer selbst läßt der Text die Protagonistin Penthesilea bestimmt sein? Als Tochter ihrer känglichen Mutter fällt ihr nach deren Tod die Führung des Amazonenvolkes und die Übernahme eines völkischen Wertesystems zu, das – den Amazonen fehlt die rechte Brust – in ihren Körper eingeschrieben ist. Es ist der 15. Auftritt – umgeben von einem trügerischen Waffenstillstand –, in dessen Verlauf sich Penthesilea dem Achill endlich in Worten zu erklären versucht und durch allmähliche Bewußtmachung ihrer traumatischen Geschichte ihm, sich selbst, der Amazonenfreundin und dem Zuschauer den insgeheimen Sinn ihrer Verfolgungsjagd nach dem Thetissohn entdeckt. Er erfährt, daß sie ihn zwar besiegen, aber nicht habe töten wollen.

»Doch als du niedersankst, beneidete hier diese Brust den Staub, der dich empfing« (XV, S. 71) »… im blut'gen Feld der Schlacht muß ich ihn suchen, den Jüngling, den mein Herz sich auserkoren, und ihn mit ehrnen Armen mir ergreifen, den diese weiche Brust empfangen soll« (XV, S. 76). Sie stellt ihm die Amazonen als eine Frauengemeinschaft vor, die aus einem brutalen kriegerischen Überfall gegen ihr ursprüngliches Volk hervorgegangen ist. Die Sieger haben seinerzeit die Männer und männlichen Kinder dieses Volkes ausgerottet, die Frauen vergewaltigt und sie zur Ehe zwingen wollen. Unter der Führung ihrer Königin Tanaïs haben die unterjochten Frauen ihre Besieger ermordet. »Mars, an der Schnöden Statt, vollzog die Ehe, und das gesamte Mordgeschlecht, mit Dolchen, in einer Nacht, ward es zu Tod gekitzelt« (XV, S. 78). Anläßlich der Gründung des Amazonenstaates – »ein Frauenstaat, den fürder keine andere herrschsücht'ge Männerstimme mehr durchtrotzt, der das Gesetz sich würdig selber gebe, sich selbst gehorche, selber auch beschütze« (XV, S. 78) – hat sich Tanaïs zum Vorbild für alle künftigen Generationen die rechte Brust vom Körper gerissen – vorgeblich, um den Bogen so geschickt spannen zu können wie ein Mann. Im Akt der feierlichen Selbstverletzung war Tanaïs tot zusammengesunken und der Bogen ihren Händen entglitten.

Der Text des Trauerspiels nimmt dieses Bild am Ende noch einmal auf. Nach der Ermordung des Achill entgleitet auch Penthesileas Bogen ihrer Hand wie zum Verweis auf das ursprüngliche Trauma, dem die busenlosen Amazoninnen von Generation zu Generation aus Treue zu den Müttern unterworfen sind. Mit der Analogie der Bilder schließt sich ein Kreis, in den sich die erste Königin hinein- und die letzte Königin Penthesilea herausbegibt, nachdem sie das Trauma durch Wiederholung sichtbar und als transmissioniert erkennbar gemacht hat. Faimberg (1987) betont als Folge der traumabedingten Ineinanderrückung der Generationen die Kreisförmigkeit des Zeitgefüges im Unterschied zur Vergangenheits- und Zukunftsperspektive einer individuellen Abgrenzungs- und Entwicklungsmöglichkeit der einen Generation von der nachfolgenden.

Die Analogie der Bilder zur ersten und zur letzten Amazonenkönigin wirft außerdem ein Licht auf den in der Verleugnung gehaltenen Konflikt, der zur Gründung des Amazonenvolkes und zur selbstdestruktiven amazonischen Identität geführt haben dürfte. Tanaïs schließt durch Mord aus, eine Ehe mit dem Eroberer einzugehen, und erklärt das gesamte männliche Geschlecht zu Verfolgern, die nur als Begatter eine Funktion haben sollen. Penthesilea folgt zwar mit der Ermordung Achills, der sie besiegt hat, im Konflikt zwischen Gesetz und Liebe ihrem Vorbild. Sie tötet Achill. Aber sie begeht zugleich auch einen ungeheuerlichen Tabubruch, indem sie den Amazonen und sich selbst zu erkennen gibt, den, der sie besiegt hat und den sie ermordet hat, zu lieben und zu begehren. Ahnungsvoll hat die Oberpriesterin diesen Bruch des amazonischen Fundaments vorhergesehen. »Und nicht dem Gegner, wenn sie auf ihn trifft, dem Feind in ihren Busen wird sie sinken« (VII, S. 45). Penthesilea deckt auf, wen und was sich die Amazonen von Generation zu Generation in ihrem Busen zum Feind geschmiedet haben. Sie entdeckt die psychische Realität, die das transmissionierte Trauma im Inneren der Amazonen zu einem »Schacht von Erz« hat erstarren lassen.

Der poetischen Fiktion des Amazonenstaates zufolge ist ein nach innen wie nach außen gerichtetes aggressives Agieren im Dienst der Verleugnung wesentliches Element, das sich einerseits gegen den weiblichen Körper und eine weibliche Subjektivierung richtet wie andererseits gegen das dritte, das Nicht-Mutter-Objekt. Der blutige Akt der Brustverstümmelung erinnert an die gegenwärtig noch gebräuchlichen Beschneidungen von Frauen durch Frauen in afrikanischen und asiatischen Ländern. Wie hier Mutterfrauen den Tochterfrauen barbarisch konkret die adoleszente Inbesitznahme eines eigenen, von der Mutter getrennten Körpers buchstäblich beschneiden, so im fiktiven und totalitären Amazonenstaat. Der drastische Akt scheint eine imaginierte Kastration vorwegzunehmen, um sich antizipatorisch für den Mann unbesiegbar zu machen. Möglicherweise auch, um auf das männliche Geschlecht abschrekkend zu wirken. Die körperliche Verstümmelung bringt eine aggressive Verachtung des weiblichen Geschlechts und die strikte Kontrolle geschlechtlicher Wünsche zum Ausdruck. Die konkretistische Qualität der Körperverstümmelung deutet darauf hin, daß den Amazonen allein ihr Gesetz, demzufolge die Beziehung zu einem männlichen Objekt verboten ist, keine ausreichende Sicherheit vor triebhaften und emotionalen, objektgerichteten weiblichen Wünschen gewährleistet. Die transgenerational praktizierte Körperverstümmelung verweist darüber hinaus auf eine Verstümmelung der Empfindungs-, Denk- und Symbolisierungsfähigkeit im Inneren der Amazonen (vgl. Grubrich-Simitis 1984). Das gibt der Text besonders eindrucksvoll zu erkennen, wenn Penthesilea im Schlußmonolog in den »Schacht« ihres Busens niedersteigt, um wie in einem Bergwerk nach einem *Gefühl* zu graben. Das Graben in der Tiefe des Schachts wie im Urgrund des Seins mutet auch an wie der Verweis auf eine primär traumatisch gestörte und entstellte Erfahrung der Mutter-Kind-Beziehung.

Aus entwicklungspsychologisch-psychoanalytischer Sicht stellt der Text Penthesileas Handeln und ihren Selbstmord in einen noch spezifischeren Zusammenhang: Ihrem Raubzug gegen die Griechen geht der Tod der Mutter voraus. Penthesilea ist von so großer Trauer ergriffen, daß die Amazonen ihre junge Königin gewaltsam auf den Thron reißen müssen. Um dem »Schatten« der toten Mutter zu gefallen, ergreift sie im Tempel des Mars den Bogen zum Zeichen, den letzten Willen der Mutter, der ihr heilig ist, zu erfüllen – wie ein präödipales Kind, das die narzißtische Dualunion mit dem emotional unzulänglichen mütterlichen Objekt auf diese Weise aufrechterhält. Im Text gibt es eine flüchtige Äußerung Penthesileas, in der die Versagung emotionaler Bedürftigkeit in der Beziehung zur traumatisierten Mutter anklingt: »Wie seltsam war, auf jedem Antlitz, mir, wo ich sie traf, der Freude Spur verhaßt; das Kind, das in der Mutter Schoße spielte, schien mir verschworen wider meinen Schmerz« (XIV, S. 69). Die Mutter läßt die Tochter auch im Ungewissen über das Rosenfest, von dem sich die Amazonen, so sie nicht dafür ausersehene Bräute sind, bei Todesstrafe fernhalten müssen. Trotz der Vorenthaltung des dritten Objekts und der Sexualität gibt die sterbende Mutter der Tochter eine vom Amazonengesetz abweichende Verheißung wie eine Art Wiedergutmachung mit: »›Geh, mein süßes Kind! Mars ruft Dich! Du wirst den Peliden Dir bekränzen: Werd' eine Mutter, stolz und froh, wie ich‹ – und drückte sanft die Hand mir und verschied« (XV, S. 83). Dieser geheime Teil des letzten mütterlichen Willens – versehen mit einem Kleistschen Gedankenstrich, der besagen könnte, daß die Sterbende als Frau und Mutter weniger froh war, als sie vorgab zu sein – steht im Widerspruch zur in den Körper von Mutter und Tochter eingeschriebenen Verwerfung des Dritten. Andererseits trägt er – und hierin mit dem Gesetz konform – zu einer weiteren Festlegung und Kontrolle der Individuierungsmöglichkeiten Penthesileas bei. Es sind die Vorstellungen und Wünsche der Mutter, die Penthesilea verwirklichen soll. Die Mutter scheint aber auch einen keimenden Zweifel am amazonischen Gesetz an die Tochter zu delegieren und ihr so einen sie beide betreffenden Separationsanstoß zu hinterlassen.

Die Verheißung der Mutter unterminiert Penthesileas schwesterliche Verbundenheit mit ihren Gefährtinnen und ihre Aufgabe als Königin. Die Amazonen dürfen sich keinen bestimmten Mann gefangennehmen. Sie unterstehen der Vorsehung des Kriegsgotts, als dessen Stellvertreter der Erbeutete gilt. Die Verheißung stürzt Penthesilea aber auch in einen tiefen Widerspruch zur Mutter. Noch einvernehmlich mit ihr ist die beutehungrige Jagd nach dem Achill. Aber Penthesilea verliebt sich in ihn. Das kann die verstorbene Königin der Amazonen nicht gemeint haben. In der Mutter-Tochter-Beziehung existiert keine Repräsentanz für die Liebe zu einem Mann.

Wie viele – vor allem männliche – Jugendliche im Zusammenhang mit dem Verlust des Primärobjekts und dem Wiederaufleben präödipaler Sehnsüchte zu einer vorläufigen psychischen Stabilisierung durch aggressives Ausagieren innerer Widersprüche und Konflikte finden (Fonagy et al. 1998; Perelberg 1995), so Penthesilea, wenn sie nach dem Tod der Mutter mit ihren Amazonenschwestern in den Krieg zieht. »Schwand mir der Schmerz, und meiner Seele ging die große Welt des heit'ren Krieges auf« (XV, S. 85). Penthesilea verfolgt Achill wie eine narzißtische Vollendung der Mutter und ihrer selbst. »Mit jedem Hufschlag, schlingt sie, wie hungerheiß, ein Stück des Weges, der sie von dem Peliden trennt, hinunter!« (III, S. 20). In grandiose Schlachtszenarien miteinander verwickelt, »begegnen beide sich, zween Donnerkeile, die aus Gewölken ineinander fahren; die Lanzen, schwächer als die Brüste, splittern« (VIII, S. 46).

Beide Protagonisten ringen im Kampf darum, einander in den Staub zu ihren Füßen zu zwingen. Achill, weil er als Repräsentant des Patriarchats die Beherrschung der Frau als selbstverständlich betrachtet. Penthesilea, weil ihr das Amazonengesetz den Sieg über den Mann vorschreibt. Die Faszination jedoch, von der beide füreinander ergriffen sind, stellt beiden diese eisernen Regeln der Geschlechterbeziehung in Frage. Dies läßt sich auf seiten des Achill aus seiner Argumentation entnehmen, die er mit den heldischen Freunden führt. Demgegenüber werden Penthesileas Zweifel am Gesetz und ihr zunehmendes Verlangen nach Achill – der verbalen Symbolisierbarkeit entzogen – mehr durch psychosomatische Sensationen (Erröten, Körperschmerz, Ohnmacht) zum Ausdruck gebracht und durch eine in narzißtische Grandiosität flüchtende Verzweiflung (IX. Auftritt). Doch die Infragestellung der jeweiligen Identifizierungen reicht nicht aus, um die Verkennung in der Wahrnehmung des anderen zu verhindern und aufzuheben und den jeweils maßgeblichen Identitätszusammenhang auch nur annähernd zu begreifen. Folgerichtig kommt die Liebesszene im Trauerspiel unter der Voraussetzung von Täuschung und Verleugnung zustande. Penthesilea, im Kampf unterlegen, überläßt sich regressiv der Illusion, Achill besiegt zu haben. »O laß dies Herz zwei Augenblick in diesem Strom der Lust, wie ein besudelt Kind, sich untertauchen; mit jedem Schlag in seinem üpp'gen Wellen wäscht sich ein Makel mir vom Busen weg« (XIV, S. 68). Achill gibt sich vorübergehend der Vortäuschung, von ihr besiegt zu sein, hin. Auch weil ein in Aussicht stehendes kurzes Liebesabenteuer mit der schönen Amazonin seinen Neigungen entgegenkommt. Zum vortäuschenden Charakter der Liebesszene trägt weiter bei, daß sie in einen deutlich prägenitalen Kontext gestellt ist. Achill in der Rolle des siegreichen, fast mütterlichen Beschützers, der zuhört. Penthesilea voller Sehnsucht, sich verständlich zu machen, um einen Platz im Inneren dieses Nicht-Mutter-Objekts zu finden, und ohne Vorstellung von der geschlechtlichen Liebe, die sie mit unecht wirkenden Metaphern zum Rosenfest umschreibt. Währenddessen tobt ringsum die Schlacht der Heere weiter.

Die Verkennungen in der Liebesszene führen in die Katastrophe. Gegen den heftigen Widerstand der Griechen entschließt sich Achill, dem Troja inzwischen gleichgültig geworden ist, die tödlich erschöpfte Penthesilea zum Schein zu einem Zweikampf herauszufordern, den er ihr zuliebe vorsätzlich verlieren will. Wenn sie ihn denn nur als Unterworfenen lieben darf, so ist der Thetissohn gern großzügig, ihrer »Grille« zu genügen. Penthesilea mißversteht sein galantes Ansinnen gänzlich. Von der Oberpriesterin aus der Amazonengemeinschaft ausgewiesen, weil sie im Kampf mit Achill nicht nur unterlegen ist, sondern ihn sich – dem Gesetz zum Hohn – in den Staub zu ihren Füßen niederfleht und das Kriegsglück der Amazonen aufs Spiel gesetzt hat, nimmt sie wie eine Rasende die Hausforderung Achills an, um ihre aus den Fugen geratene amazonische Welt wiederherzustellen. »Ich will in ew'ge Finternis mich bergen« (XIX, S. 92). Als Amazone weit davon entfernt, ein Kalkül als solches zu erkennen, glaubt sie sich von Achill aufs äußerste verhöhnt und in ihrer Zuneigung, die sich schon so weit vom Gesetz der Mutter entfernt hat, zurückgestoßen. »Was ich ihm zugeflüstert, hat sein Ohr mit der Musik der Rede bloß getroffen?« (XX, S. 93). Wie die Griechen Achill nicht aufzuhalten vermögen, mißlingt es auch den Amazonen, Penthesilea vom letzten Kampf zurückzuhalten, in dem sie ihn auf kannibalistische Weise mit ihren Hündinnen zerfleischt.

Welche Hilfen gibt der implizierte Autor dem Leser, um Penthesileas archaisches Rasen gegen die Brust des Achill begreifen zu können? Durch den gesamten Text greift er immer wieder auf die Worte *Brust* und *Busen* in ihrer realen und symbolischen Bedeutung zurück wie zur Visualisierung des äußeren und des inneren Kampf- und Konfliktschauplatzes der Protagonisten. Nach erschöpfendem, aber unentschiedenen Kampf mit Achill fragt sich Penthesilea, warum sie sich im Innersten gelähmt und getroffen fühlt von seinem Anblick. »Wo ist der Sitz mir, der kein Busen ward, auch des Gefühls, das mich zu Boden wirft?« (V, S. 29). Die Oberpriesterin empört sich, daß es die Pfeile Amors sind, die ihre Königin getroffen haben. »Die Tochter Mars', der selbst der Busen fehlt, das Ziel der giftgefiederten Geschosse?« (VII, S. 44). Von Achill meinen die Amazonen, nachdem er Penthesileas Brust zerrissen hat, aber sie gleichwohl schont, »ein Gott hat in der erzgekeilten Brust, das Herz in Liebe plötzlich ihm geschmelzt« (VIII, S. 47). Penthesilea ihrerseits verflucht die »Begierden, die wie losgelassene Hunde im Busen keuscher Arestöchter« (VII, S. 49) bellen. Achills Entsetzen darüber, ihrer rechten Brust, dem »Sitz der jungen, lieblichen Gefühle« beraubt zu sein, beschwichtigt sie mit den Worten: »›Sei ganz ruhig. Sie retteten in diese linke sich, wo sie dem Herzen um so näher wohnen‹« (XV, S. 80). Schließlich ist es »seine weiße Brust« (XXIII, S. 105) und zwar seine linke, in die Penthesilea ihre Zähne schlägt. Danach aus ihrer Erstarrung erwachend, weint sie eine Träne, »die in der Menschen Brüste schleicht, und alle Feuerglocken der Empfindung zieht«. Und im letzten Monolog steigt Penthesilea »in meinen Busen nieder, gleich einem Schacht« (XXIV, S. 120) und gräbt sich ein »vernichtendes Gefühl hervor«, dem sie zu einem Dolch geschärft und gespitzt ihre *Brust* reicht.

Die assoziative Verknüpfung von *Brust/Busen* und *Gefühl* durchzieht den Text wie eine unbewußte Phantasie, die eine Verbindung herstellt von der fehlenden rechten Brust der Tanaïs, der Mutter, der Penthesilea und allen Amazonen und dem zugehörigen traumatischen Kontext bis zur Zerfleischung der linken Brust des Achill und schließlich Penthesileas tödlichem Angriff gegen ihre eigene Brust. Die Wörter »Brust« und »Busen«, als poetisches Mittel absichtsvoll einmal als Metapher, dann wieder in ihrer konkreten Bedeutung verwendet, signalisieren ein ständiges Oszillieren der Wahrnehmung Penthesileas zwischen einer einerseits symbolisierbaren und einer andererseits konkretistischen Qualität ihres Fühlens und Handelns und dessen traumatischem Ursprung. Letzteres kommt auch in der Entdifferenzierung ihrer Sprache zum Ausdruck. »Aus Versehen« (XXIV, S. 118) mißversteht Penthesilea Küsse und Bisse als ein und dasselbe. Das Gefühl im Busen und das dazugehörige Wort wird zu Fleisch (vgl. Graham 1977), so wie das Gesetz der Amazonen zu einem abgerissenen rechten Busen. Die assoziative Verknüpfung von Busen, Brust, Mutter, Gefühl sorgt im Text für eine kontinuierliche Präsenz des verleugneten Traumas und der resultierenden psychischen wie physischen Deformierung Penthesileas.

Besonders deutlich scheint der demonstrative Gebrauch, den der Text von den Wörtern Brust/Busen macht, auf die innere Verbindung hinzuweisen, die für Penthesilea zwischen dem mütterlichen Objekt und Achill besteht. Als Verheißung der Mutter hat er zunächst die Funktion einer narzißtischen Ergänzung wie ein in Aussicht gestellter vergoldeter Phallus, in dessen Glanz sich Mutter und Tochter spiegeln. Ihn in Besitz zu nehmen, heißt demzufolge auch, ihn in die oral-narzißtische Union mit dem mütterlichen Introjekt aufzunehmen, ihn zu inkorporieren. Genau dazu kommt es ganz konkret, wenn Penthesilea ihn als die personifizierte mütterliche Verheißung mit ihren Zähnen zerfleischt. Ihre Vernichtung des Achill, dessen Flehen sie nicht hört, weil er für sie als ein emotional fragil besetztes Objekt nicht mehr existiert, wirkt wie die Konkretisierung einer unbewußten oral-sadistischen Inkorporationsphantasie, die in einer äußersten Verdichtung auf die Brust des Achill gerichtet ist wie auf die Mutterbrust. Es ist ausdrücklich die linke Brustseite des Achill, über die Penthesilea mit ihren Zähnen herfällt wie über die erhaltene linke Brust der Mutter, an der sie gesaugt hat. Im Zustand tiefster Regression, der mit einem Zusammenbruch der Symbolisierungsfähigkeit einhergeht, als sei Penthesilea ein präverbaler oral-sadistischer Säugling, der sich in die Mutterbrust verbeißt, sind Achill und Mutter ein und dieselbe Brust, auf die sie ihre rasende Enttäuschungswut richtet. Bevor sich Penthesilea in diesen Kampf stürzt, nennt sie den sonst so respektablen Mars einen »Vertilgergott« (XX, S. 95).

Im Akt der Vernichtung des Achill verleiht Penthesilea dem barbarischen Kern des Amazonengesetzes, das das Trauma repräsentiert, sichtbarsten Ausdruck, indem sie das fragil besetzte, verbotene Nicht-Mutter-Objekt, das er ihr war, lebendigen Leibes zerfleddert. Mit ihrem Mord führt Penthesilea sich selbst, den Amazonen, der Mutter und Achill die Destruktivität vor Augen, die der amazonischen Frauenbefreiungsbewegung zugrunde liegt.

Indem sie diese Wirklichkeit der traumatischen amazonischen Identität sichtbar gemacht und die Amazonenmutter mit der Brust des Achill zerstört hat, ist Penthesilea keine Amazone mehr. »Und – – – im Vertraun ein Wort, das niemand höre, der Tanaïs Asche, streut sie in die Luft!« (XXIV, S. 114). Nach ihrem Mord wie aus einem Stupor mit blutverschmiertem Mund erwachend, läßt der Text sie als verwandelte Frau erscheinen. Schweigend läßt sie ihr amazonisches Attribut, den Bogen, fallen. Penthesilea weint eine Träne überwältigender Trauer. Nachdem sie vollends begriffen hat, daß sie es war, die den Körper des Achill zur Unkenntlichkeit zerstört hat, bittet sie den Toten um Vergebung. »Ich sage vom Gesetz der Frau'n mich los, und folge diesem Jüngling hier« (XXIV, S. 119). Im Schlußmonolog schreibt der Text der neuen Penthesilea ein Höchstmaß an Sublimierungsfähigkeit und weiblicher Subjektivierung zu. Sie, die Waffenkundige, die ohne Zögern, ohne Träne, ohne Reue ringsum getötet hat, bedarf keiner Waffe mehr, um sich zu töten. Sie reicht ihre Brust dem imaginären Dolch, den sie sich aus dem Schacht ihres Busens als »vernichtendes Gefühl der Reue« gräbt. »Die Metamorphisierung des Schrecklichen ermöglicht die seelische Meisterung«, schreibt Erika Kittler (1999, S. 87).

Penthesileas Schlußmonolog läßt verschiedene Deutungsperspektiven zu. Mit ihrem Tod endet das grandiose Spiel der traumatisch bestimmten Vortäuschung, Selbsttäuschung und Verleugnung der Beziehung zum dritten Objekt. Der Text erhöht die Protagonistin – nicht minder grandios – vom archaischen Chaos des inkorporierenden Mordes in eine verabsolutierte Symbolisierung des Selbstmordes, der anmutet, als bringe sich Penthesilea wie in einer zweiten Geburt neu auf die Welt und aus ihr hinaus. Mit ihrer zweiten Geburt grenzt sich Penthesilea scheinbar radikal vom mütterlichen Objekt ab. Sie tötet die Tochter der Amazonenmutter. Als ein scheinbar eigenständiges Subjekt und als imaginäre Geliebte des Achill verfügt Penthesilea im Akt des Selbstmords über ihr Gefühl und über ihren Körper – den busenlosen Körper aus und von der Mutter. Im Mord an diesem Körper wiederholt Penthesilea aktiv einen Angriff gegen ihre Brust und gegen die Zukunft ihres Seins, wie er ihr als Amazonentochter schon einmal angetan wurde. Die im Selbstmord wiedergefundene Verlebendigung ihres Gefühls gereicht ihr nur dazu, sich als Geliebte eines Toten erkennen und empfinden zu können und ihm in den Tod zu folgen.

Die Geste, mit der Penthesilea ihre Brust dem phallischen Dolch passiv darbietet, kann man auch als Imagination einer – todbringenden – sexuellen Vereinigung sehen. Im Verlauf des Trauerspiels ist diese Imagination und die vage Antizipation einer sexuellen Vereinigung mit Achill jedesmal als eine Assoziation Penthesileas repräsentiert, sich »reif zum Tod« zu fühlen (XIV, XXIV). Sei es als Ausdruck einer endlich erreichten Integration der sexuellen Beziehung oder zum Zeichen einer mit ihr verbundenen tödlichen Bedrohung. In der Liebesszene mit Achill vergewissert sich Penthesilea zweimal, es mit dem Überwinder des großen Hektor zu tun zu haben. So als ob sie dessen schrecklichen Tod durch Achill mit der erregenden Vorstellung ihrer Vernichtung in Achills Umarmung verbinde. Diese Phantasie kommt dem in der amazonischen Verleugnung untergebrachten Begehren nach dem Feind ganz nahe. Die entsprechenden Texthinweise lassen sich als Anspielungen auf eine bis in den Selbstmord reichende existentielle Angst vor der sexuellen Beziehung verstehen, die im Amazonenstaat durch Waffengewalt ersetzt ist. Mit ihrer letzten Geste mag Penthesileas auch die endliche Überwindung dieser Angst zur Darstellung bringen.

Am 10. Oktober 1800 schreibt Heinrich von Kleist seiner Braut Wilhelmine von Zenge: »O lege den Gedanken wie einen diamantenen Schild um deine Brust: Ich bin zu einer Mutter geboren! Jeder andere Gedanke, jeder andere Wunsch fahre zurück von diesem undurchdringlichen Harnisch. Was könnte dir sonst die Erde für ein Ziel bieten, das nicht verachtungswürdig wäre? … Es wird dir Achtung für dich selbst einflößen, alles andere kann nur deine Eitelkeit kitzeln; und wenn du einst an seinem Ziele stehst, so wirst du mit Selbstzufriedenheit auf deine Jugend zurückblicken, und nicht wie tausend andere unglückliche Geschöpfe deines Geschlechts die versäumte Bestimmung und das versäumte Glück in bitteren Stunden der Einsamkeit beweinen« (Kleist 1808/1978, IV, S. 136).

Kleists Vorstellung zur künftigen Funktion seiner Braut lassen ihn kaum als einen engagierten Verfechter weiblicher Individuierungs- und heterosexueller Liebeswünsche erkennen. Soll Wilhelmine – darin der Amazonin vergleichbar – einen »diamantenen Schild« gegen den Geliebten um die Brust tragen, um sie allein ihrem Säugling vorzubehalten? Nichts deutet darauf hin, daß er die auf ein zeitgenössisches Klischee reduzierte Subjektivität der Braut, die in so krassem Gegensatz zu seiner Protagonistin Penthesilea zu stehen scheint, als konflikthaft empfindet. Viel allerdings darauf, daß er ihre Brust nicht aus der Perspektive des Geliebten, sondern des Säuglings in Betracht zieht. Im Trauerspiel gibt er dem Verhängnis dieser Spaltung, die er im Brief vornimmt, erschütternden Ausdruck.

In einem Brief an Marie von Kleist sieben Jahre später räumt der Dichter ein, daß sein Trauerspiel »Penthesilea« für Frauen weniger gemacht sei »als für Männer, und auch unter den Männern kann es nur einer Auswahl gefallen. Pfuels kriegerisches Gemüt ist es eigentlich, auf das es durch und durch berechnet ist. Als ich aus meiner Stube mit der Pfeife in der Hand in seine trat, und ihm sagte: jetzt ist sie tot, traten ihm zwei große Tränen in die Augen« (Kleist 1808/1978, IV, S. 386). In demselben Brief stellt Kleist fest, daß das Werk eher nicht wird aufgeführt werden können. Jedenfalls nicht von den zur Verfügung stehenden Schauspielerinnen. Überhaupt, setzt er nach, sollten Frauen nicht ins Schauspiel gehen, allenfalls abgesondert von den Männern. »Ihre Anforderungen an Sittlichkeit und Moral vernichten das ganze Wesen des Dramas, und niemals hätte sich das Wesen des griechischen Theaters entwickelt, wenn sie nicht ganz davon ausgeschlossen gewesen wären.« Demnach dürfte eine lebendige Penthesilea weder diese Rolle spielen noch dem Spiel zuschauen, weil es sich um eine Männerangelegenheit handelt.

Es gibt noch andere Anhaltspunkte (Graham 1977), die annehmen lassen, daß Kleist sich mit der Fiktion der Penthesilea eine Art Spiegelbild geschaffen hat. »Mein innerstes Wesen liegt darin ...: der ganze Schmutz zugleich und Glanz meiner Seele«, schreibt er Marie von Kleist im Spätherbst 1807 (Kleist, Ausgabe 1977, IV, S. 388). Es mag sich um seine eigenen Ängste vor einem verfolgenden mütterlichen Introjekt und vor der sexuellen Vereinigung mit einem Liebesobjekt handeln, die projektiv in die poetische Gestaltung seiner Amazonenkönigin eingegangen sind. Möglicherweise trifft das auch noch für Penthesileas Erhöhung zu einem so vollendeten Subjekt im Selbstmord zu. Wenige Jahre nach dem Erscheinen des Trauerspiels, am 21.11.1811, hat Kleist erst Henriette Vogel und dann sich erschossen. Auch wenn vieles dafür spricht, daß der Dichter bei der Konzeption der Penthesilea nicht unbedingt die Absicht hatte, die spezifischen Separations- und Individuierungskonflikte und den Suizid einer jungen Frau im traumatischen Kontext ihrer Identifizierungen darzustellen, ist das letztlich irrelevant in Anbetracht des Kunstwerks, das er geschaffen hat, und des interaktionellen und unbewußten Echos, das der Text evoziert.

Treiben Dichter in ihren Texten junge Frauen in den Selbstmord, um selbst zu überleben, um einen weiblichen Anteil in sich projektiv loszuwerden, um Rache an »der Frau« zu nehmen oder um durch ihr ästhetisches Produkt die eigene Todessehnsucht und den eigenen Selbstmord sich und der Nachwelt verständlich zu machen? Erdichten sie sich eine Frau und lassen sich von ihrer »schönen Leiche« inspirieren, weil sie sich einer lebendigen Frau nicht beziehungsvoll nähern und sie als ein unverwechselbares, eigenständiges Subjekt anerkennen können? Derartige Hypothesen zu den diskutierten Textbeispielen sind nicht widerlegbar. Auch nicht die Anmutung, daß die männlichen Autoren zwar die verzweifelten Subjektivierungsbemühungen ihrer Protagonistinnen einfühlsam imaginieren, dann aber als ein tendenziell selbstmörderisches weibliches Bestreben identifizieren. So nachhaltig sich Unbewußtes des Künstlers im Prozeß des Schreibens auch durchsetzen mag – bis dahin, daß womöglich offenbleiben muß, ob es sich bei einer fiktiven Figur um eine Frau oder um einen Mann handelt –, so gewiß scheint mir doch auch zu sein, daß das kreative Produkt nicht ohne eine gewisse und auch leidvolle innere Distanz zustande kommt. Gustave Flaubert schreibt dazu in einem Brief vom 15.12.1850 an seine Mutter: »Wenn man sich, ob groß oder klein, in die Werke des lieben Gottes mischen will, muß man sich, schon allein wegen der Ökonomie, in eine solche Stellung begeben, daß man nicht der Genarrte ist. Du kannst den Wein, die Liebe, die Frauen, den Ruhm unter der Bedingung schildern, daß du weder Trunkenbold, noch Liebhaber, Ehemann oder Infanterist bist. Wenn man sich in das Leben mischt, sieht man es schlecht; man leidet daran oder genießt es zu sehr…« (Flaubert, Ausgabe 1977, S. 163). Insgesamt drohen die Spekulationen zu den projektiven Anteilen im literarischen Kunstwerk, auf die ich nicht weiter eingehen möchte, darauf hinauszulaufen, die Kreativität und die Komplexität der poetischen Schöpfung auch hintanzustellen.

Es ist keine große Überraschung, daß die Texte der hier vorgestellten poetischen Suizidszenarien im Vergleich mit manchen, besonders den historisch frühen wissenschaftlichen Erklärungsmodellen zur weiblichen Suizidalität (Gerisch 1998), auf die interpersonellen und intrapsychischen Kontextbedingungen ungleich mehr Aufmerksamkeit richten. Man mag einwenden, daß poetische Fiktionen und wissenschaftliche Intentionen rein gar nichts miteinander zu tun haben. Aber das gilt nicht unbedingt für die empirische Sozialforschung, deren Ergebnisse schließlich auf einer Unzahl kasuistischer Daten beruhen, deren Auswertung im Ergebnis zu einer von der subjektiven Vorstellung des Forschenden nicht unabhängigen Interpretation führt, die schon die Auswahl der Daten bestimmt. Auch die Poeten arbeiten mit einem, wenn auch fiktiven, kasuistischen Material. Zudem sind beide, Poet wie Forscher, von bestimmten Erkenntnis- und Vermittlungsabsichten geleitet. Im Unterschied zum Wissenschaftler verliert der Poet die Kasuistik, auf die sich beide stützen – auch als fiktive – offenbar weniger aus dem Auge als der Wissenschaftler. Ich wage zu behaupten, daß das auch, aber nicht nur methodische Gründe hat. Wissenschaftlern wird die Kasuistik zur Datenbank. Der Dichter widmet sich ihr als einer Geschichte des Subjekts.

Ich will zum Abschluß darauf aufmerksam machen, daß in den sehr unterschiedlichen vier fiktiven »Kasuistiken« bestimmte biographische und psychodynamische Konstellationen zum Suizid der Protagonisten wiederkehrend repräsentiert sind. Die Dichter, so könnte man sagen, vermitteln ganz nebenbei Befunde, die klinische Relevanz haben.

Die Ästhetisierung adoleszenter Suizidalität in den Texten entspricht der allgemeinen klinischen Erfahrung, daß der Tod als Anteil des Lebens in der Vorstellung Adoleszenter präsenter ist im Vergleich zum Erwachsenenalter. Alle Textbeispiele vermitteln eine besondere Sensibilität für die eigentümliche Identitätsunsicherheit und für das subjektive Bedürfnis einer Identitätsdefinition an der Schwelle zum Erwachsenwerden. Wenngleich die für die Adoleszenz maßgeblichen entwicklungspsychologischen und psychodynamischen Aspekte im wesentlichen erst im historischen Kontext dieses Jahrhunderts formuliert wurden (Neubauer 1993), scheinen alle Autoren lebensphasenspezifische Besonderheiten und Veränderungen des subjektiven Erlebens und der Wahrnehmung von äußerer und psychischer Realität zum Kontext der Suizidalität der jugendlichen Protagonisten in Betracht zu ziehen, auch dahingehend, daß die Beziehung zum eigenen Körper für diese Lebensphase eine besondere, konflikthafte Bedeutung hat. Allen fiktiven Figuren bleibt ihr Körper als Quelle lustvoller heterosexueller Erfahrungen fremd und/oder beängstigend. Alle verfolgen ein Individuationsziel, das den sexuell reifen Körper nicht einbezieht oder sogar der Vernichtung preisgibt. Ein psychisches Werden ohne Körper. Die Sexualität ist mit den zugrundeliegenden Suizidmotiven und/oder dem Ich-Ideal und dem Subjektivierungsziel nicht vereinbar. Die Beziehung zu einem Liebesobjekt kann in der Folge unbewältigter präödipaler und ödipaler Konflikte und Ängste nicht gelebt, nur ersehnt werden. Die als genuin weiblich geltende Wunschvorstellung nach Schwangerschaft oder Kindern hat in der inneren Welt der fiktiven Frauen keinen Raum.

Alle Protagonisten, die sich im Verlauf ihrer (Spät)Adoleszenz das Leben nehmen, sind Waisen. Die Nähe zu den verinnerlichten toten Introjekten scheint der Nähe der adoleszenten Protagonisten zu Tod und Sterben zu entsprechen. Stützende, die Krise der Adoleszenz begleitende und den Ablösungsprozeß erleichternde reale Elternobjekte stehen nicht zur Verfügung. Alle sind in besonderer Weise mit ihren Primärobjekten verklebt und identifiziert und – so Antigone und Penthesilea – in die traumatische Geschichte ihrer Eltern nicht nur involviert, sondern demzufolge in ihren Ablösungs- und Individuierungsmöglichkeiten psychisch und physisch blockiert. Mehr oder weniger deutlich verweisen alle Texte auf einen Zusammenhang zwischen der ungelösten Bindung zu den verinnerlichten Primärobjekten und dem Selbstmord. Mit der Auslöschung des unbrauchbaren Körpers wird das von den Primärobjekten empfangene Leben nicht nur zerstört, sondern den Eltern auch die Fähigkeit aberkannt, Leben zu spenden. Weitergehend heben die poetischen Suizidszenarien den destruktiven interaktionellen Aspekt suizidalen Agierens – es sterben nicht nur die Protagonistinnen – besonders hervor, der sich im klinischen Alltag dem Blick eher entzieht.

Alle poetischen Suizidszenarien geben eine psychische Funktion des Selbstmords zu erkennen, die bei näherer Betrachtung nichts mit dem Klischee zu tun hat, mit dem das suizidale Agieren von Frauen belegt ist (vgl. Canetto 1992). Allein der Umstand, daß alle Protagonistinnen keinen Suizidversuch machen, sondern sich töten, und zwar ohne einen hilfesuchenden Appell an das Objekt zu richten, sondern vielmehr, um ihre Identität abschließend zu definieren, verleiht ihnen einen besonderen Status, der aber dennoch dazu geeignet ist, Licht auf die komplexen Dimensionen weiblicher Suizidalität zu werfen. Insoweit die impliziten Autoren ihre Protagonistinnen ausdrücklich als weiblich imaginieren – erst Dichterinnen dieses Jahrhunderts, wie Virginia Woolf haben es gewagt, ihre fiktiven Figuren nicht mehr auf eine der beiden Geschlechter festzulegen –, fügen sie sich jedenfalls nicht den traditionellen Erklärungsmodellen zur Suizidalität von Frauen.

Literatur

Bell, R. M. (1985): Holy Anorexia. Chicago.

Benjamin, J. (1990): Die Fesseln der Liebe. Psychoanalyse, Feminismus und das Problem der Macht. Basel.

Benjamin J. (1993): Phantasie und Geschlecht. Studien über Idealisierung. Anerkennung und Differenz. Basel.

Berger, M. (1989): Zur Bedeutung des »Anna-selbdritt«-Motivs für die Beziehung der Frau zum Körper und zu ihrem Kind. In: Hirsch, M. (Hg.), Der eigene Körper als Objekt. Zur Psychodynamik selbstdestruktiven Körperagierens. Berlin, S. 241-277.

Berger, M. (1996): »Durch diese schöne Anstrengung mit sich selbst bekannt gemacht ...« Über Texte zu Töchtern und Vätern. In: Berger, M.; Wiesse, J. (Hg.), Geschlecht und Gewalt. Psychoanalytische Blätter Bd. IV. Göttingen, S. 120-160.

Berger, M. (1999): Zur Suizidalität in der Adoleszenz. In: Fiedler, G.; Lindtner, R. (Hg.), So habe ich doch was in mir, das Gefahr bringt. Perspektiven suizidalen Erlebens. Göttingen, S. 66-98.

Blos, P. (1983): Adoleszenz. Eine psychoanalytische Interpretation. Stuttgart, 3. Aufl.

Blos, P. (1990): Sohn und Vater. Diesseits und jenseits des Oedipus-Komplexes. Stuttgart.

Bovenschen S. (1979): Die imaginierte Weiblichkeit. Exemplarische Untersuchungen zu kulturgeschichtlichen und literarischen Präsentationsformen des Weiblichen. Frankfurt a. M.

Braun, C. von (1993): Von der »virgo fortis« zur modernen Anorexie: Geistesgeschichtliche Hintergründe der modernen Eßstörungen. In: Seidler, G. H. (Hg.), Magersucht: Öffentliches Geheimnis. Göttingen, S. 134-166.

Bronfen, E. (1994): Nur über ihre Leiche. Tod, Weiblichkeit und Ästhetik. München.

Canetto, S. (1992): She Died for Love and he for Glory: Gender Myths of Suicidal Behaviour. Omega 26: 1-17.

Chodorow, N. (1985): Das Erbe der Mütter. Psychoanalyse und Soziologie der Geschlechter. München.

Cournot, J. (1988): Ein Rest, der verbindet. Das unbewußte Schuldgefühl, das Entlehnte, betreffend. Jahrbuch Psychoanalyse 22: 67-98.

Dahl, E. K. (1995): Daughters and mothers. Aspects of the representational world during adolescence. The Psychoanal. Study of the Child 50: 187-397.

Dettmering, P. (1975): Heinrich von Kleist. Zur Psychodynamik seiner Dichtung. München.

Dettmering, P. (1986): Das Selbst in der Krise. Literaturanalytische Arbeiten 1971-1985. Frankfurt a. M.

Durkheim, E. (1987): Der Selbstmord. Frankfurt a. M.

Eissler, K. R. (1983): Goethe. Eine psychoanalytische Studie. Bd. I. Frankfurt a. M.

Faimberg, H. (1987): Die Ineinanderrückung der Generationen. Zur Genealogie gewisser Identifizierungen. Jahrbuch Psychoanalyse 20: 114-142.

Flaubert G. (1977): Briefe. Zürich.

Fonagy, P.; Moran, G. S.; Target, M. (1998): Aggression und das psychische Selbst. Prax. Kinderpsychol. Kinderpsychiat. 47: 125-143.

Frank, C. (1995): »Weder Mensch noch Gebein«. Annäherung an eine »Erfindung«, die »Antigone« des Sophokles. In: Haas, J.-P.; Jappe, G. (Hg.), Deutungs-Optionen. Tübingen, S. 344-381.

Freud, S. (1972): Das Unbehagen in der Kultur. G. W. XIV, Frankfurt a. M., S. 419-506.

Gerisch, B. (1993): Aspekte zum psychodynamischen Verständnis der Suizidalität bei Frauen. Forum Psychoanal. 9: 198-213.

Gerisch, B. (1998): Suizidalität bei Frauen. Mythos und Realität. Eine kritische Analyse. Tübingen.

Goethe, J. W. von (1811-13): Aus meinem Leben. Dichtung und Wahrheit. Hamburger Ausgabe Bd. IX, München, 1982.

Goethe, J. W. von (1774): Die Leiden des jungen Werther. Hamburger Ausgabe Bd. VI, München, 1982, S. 7-124.

Goethe, J. W. von (1809): Die Wahlverwandtschaften. Hamburger Ausgabe Bd. VI, München, 1982, S. 242-490.

Graham, I. (1977): Heinrich von Kleist. Word into Flesh. A Poets Quest for the Symbol. Berlin.

Green, A. (1974): Absent meaning and double representation. The Brit. Psycho-Anal. Soc. and the Institute of Psycho-Anal., Scientific Bull. 74: 19-28.
Grubrich-Simitis, I. (1984): Vom Konkretismus zur Metaphorik. Psyche 38: 1-28.
Higonnet, M. (1985) Suicide: Representations of a feminine in the nineteenth century. Poetics Today 6: 103-118.
Herrmann, H. P. (1992): Sprache und Liebe. Beobachtungen zu Kleists »Penthesilea«. In: Arnold, H. L. (Hg.), Heinrich von Kleist. Sonderband Text und Kritik, München, S. 26-49.
Hoff, D. von; Leuzinger-Bohleber, M. (1997): Versuch einer Begegnung. Psychoanalytische und textanalytische Verständigungen zu Elfriede Jelineks »Lust«. Psyche 51: 763-800.
Kind, J. (1992): Suizidal: Die Psychoökonomie einer Suche. Göttingen.
Kind, J. (1996): Möglichkeiten und Grenzen der Übertragungs- und Gegenübertragungsgestützten Diagnostik bei suizidalen Entwicklungen. In: Wenglein, E.; Hellwig, A.; Schoof, M. (Hg.), Selbstvernichtung. Psychodynamik und Psychotherapie bei autodestruktivem Verhalten. Göttingen, S. 49-60.
Kittler, E. (1999): Ophelia und Hamlet: Väterkinder, die nicht erwachsen werden. Die Bedeutung der Adoleszenz im Prozeß der Transmission über Generationen. In: Fiedler, G.; Lindtner, R. (Hg.), So habe ich doch was in mir, das Gefahr bringt. Perspektiven suizidalen Erlebens. Göttingen, S. 66-98.
Kleist, H. von (1808): Penthesilea. Ein Trauerspiel. Werke und Briefe Bd. 2. Berlin/Weimar, 1978.
Kristeva, J. (1978): Die Revolution der poetischen Sprache. Frankfurt a. M.
Laufer, E. (1996): The Role of Passivity in the Relationship to the Body during Adolescence. Psychoanal. Study Child 51: 348-364.
Laufer, M.; Laufer M. E. (1984): Adolescence and Developmental Breakdown. A Psychoanalytic View. London.
Laufer, M. (1995) (Hg.): The Suicidal Adolescent. London.
Lester, D. (1969): Suicidal behaviour in men and women. Mental Hygiene 53: 340-345.
Löchel, E. (1989): Umgehen (mit) der Differenz. Psyche 43: 827-847.
Neubauer, J. (1993): The Fin-de-siècle Culture of Adolescence. London.
Perelberg, R. J. (1995): A core phantasy in violence. Int. J. Psycho-Anal. 76: 1215-1231.

Pines, D. (1997): Der weibliche Körper: Eine psychoanalytische Perspektive. Stuttgart.
Prokop, U. (1985): Die Melancholie der Cornelia Goethe. In: Pusch, L. F. (Hg.), Schwestern berühmter Männer. Frankfurt a. M., S. 49-122.
Rachor, C. (1995): Selbstmordversuche von Frauen. Ursachen und soziale Bedeutung. Frankfurt a. M.
Raguse, H. (1991): Leserlenkung und Übertragungsentwicklung – hermeneutische Erwägungen zur psychoanalytischen Interpretation von Texten. Cf psychoanal. Theorie und Praxis 6: 106-120.
Reed, G. S. (1982) Toward a methology for applying psychoanalysis to literature. Psychoanal. Quarterly 51: 19-42.
Rohde-Dachser C. (1990): Über töchterliche Existenz. Offene Fragen zum weiblichen Oedipus-Komplex. Z. Psychosom. Med. 4: 303-315.
Rohde-Dachser C. (1991): Expedition in den dunklen Kontinent. Weiblichkeit im Diskurs der Psychoanalyse. Berlin.
Schönau, W. (1991): Einführung in die psychoanalytische Literaturwissenschaft. Stuttgart.
Schuller, M. (1994): Den »Übersichtigkeiten« das Wort geredet. Oder: »Verrückte Rede«? Zu Kleists Penthesilea. In: Amstutz, N.; Kouni, M. (Hg.), Theorie – Geschlecht – Fiktion. Basel, S. XXX.
Sophokles (1995): Antigone. Werke I, Berlin, S. 211-258.
Steck, B.; Bürgin, D. (1996): Über die Unmöglichkeit zu trauern bei Kindern trauerkranker Eltern. Kinderanalyse 4: 351-361.
Stern, D. (1985) The interpersonal world of the infant. A view from psychoanalysis and developmental psychology. New York.
Suter, B. (1976): Suicide and women. In: Wolman, B.; Krauss, H. (Hg.), Between survival and suicide. New York, S. 129-162.
Weigel, S. (1989): Die Stimme der Medusa. Schreibweisen in der Gegenwartsliteratur von Frauen. Reinbek.
Willemsen, R. (Hg.) (1989): Der Selbstmord in Berichten, Briefen, Manifesten, Dokumenten und literarischen Texten. München.
Winnicott, D. W. (1991): Die Angst vor dem Zusammenbruch. Psyche 12: 1116-1126.

Benigna Gerisch

»Auf den Leib geschrieben«[1]

Der weibliche Körper als Projektionsfläche männlicher Phantasien zum Suizidverhalten von Frauen

> »Wenn ... der Tod einen nimmt ..., ist es ein Mann. Aber wenn man sich selbst umbringt, ist es eine Frau«.
> (Anne Sexton)

Minois (1996) zeigt in seiner umfangreichen Untersuchung über die »Geschichte des Selbstmords«, daß in den großen Studien von Philippe Ariès (1982), Michelle Vovelle (1973) und vielen anderen über den Tod in früheren Zeiten ein Thema beharrlich ausgegrenzt wurde: der freiwillige Tod – oder der Suizid, als ein wissenschaftlich gebräuchlicher Terminus, der in England im 17. Jahrhundert eingeführt wurde.

Auch gegenwärtig finden sich, wenn man von der kaum mehr überschaubaren Flut an Suizidliteratur absieht, im Alltagsbewußtsein der Menschen noch immer Spuren dieser Tabuisierung, an der auch die Verwissenschaftlichung des Wortes Selbstmord in Suizid, um es aus seiner Nähe zum Begriff Mord herauszulösen, kaum etwas ändern konnte.

Und doch hat das Ausmaß der Suizidproblematik auch und gerade in der westlichen Welt eine außerordentliche Brisanz. In Deutschland (alte und neue Bundesländer) starben 1997 12201 Menschen durch Suizid, davon 8802 Männer und 3399

1 Diese Wendung ist dem gleichnamigen Buch von Laqueur entlehnt, das 1992 unter dem Titel »Auf den Leib geschrieben: die Inszenierung der Geschlechter von der Antike bis Freud« erschienen ist.

Frauen. Männer suizidieren sich demnach mehr als doppelt so häufig wie Frauen. Die Suizidrate, das heißt die Anzahl der Suizide auf 100000 Einwohner, betrug 14,9, bei den Männern 22,0 und bei den Frauen 8,1.[2] Bei den Todesursachen in der Altersgruppe der 20-40jährigen zählt der Suizid zu den häufigsten Todesursachen, während mit höherem Lebensalter die Suizidrate, und zwar bei beiden Geschlechtern, noch einmal deutlich zunimmt. In der Suizidforschung trifft man häufig auf den bemerkenswerten Vergleich von Verkehrs- und Suizidtoten, nachdem seit einem halben Jahrzehnt die Zahl der Suizidtoten die der Verkehrstoten übersteigt. So starben 1997 in Deutschland weniger Menschen durch einen Verkehrsunfall (N = 8168) als durch einen Suizid. Allein dieser Vergleich verrät das dem Suizid immer schon anhaftende Phänomen der Tabuisierung. Es scheint im Alltagsbewußtsein eher das Bild eines Verkehrstoten als das eines Suizidanten zu existieren.

Da für Suizidversuche seit Mitte der sechziger Jahre keine Meldepflicht mehr besteht, ist man hier auf Schätzungen angewiesen. Kein Zweifel besteht in der Forschung jedoch darüber, daß bei den Suizidversuchen, und dies gilt absolut für die Altersstufe der 15-24jährigen, das weibliche Geschlecht deutlich überwiegt. Üblicherweise wird bei den Suizidversuchen von einem Verhältnis bei Frauen zu Männern von 2:1 ausgegangen, doch es läßt sich ein Trend von 3:1 beobachten. Das Verhältnis von Suiziden zu Suizidversuchen wird in der Literatur um 1:10 für Männer und um 1:30 für Frauen angegeben. Aktuelle Schätzungen bewegen sich derzeit zwischen 100000 und 400000 Suizidversuchen pro Jahr in Deutschland (vgl. Fiedler 1998).

Nähert man sich der gegenwärtig kaum mehr vollständig zu überblickenden Fülle an Suizidliteratur, so trifft man noch auf ein anderes Phänomen: In mehreren Arbeiten (vgl. Gerisch, 1996, 1997, 1998) konnte ich durch eine umfassende kritische Sichtung der epidemiologischen, medizinisch-psychiatrischen und psychoanalytischen Erklärungsmodelle zeigen, daß es bislang zu einer durchgehenden historischen Ausblendung einer eigenständigen Betrachtung von weiblicher Suizidalität und der Geschlechtsgebundenheit von suizidalem Verhalten über-

2 Statistisches Bundesamt (1997): Vorläufiges Jahresergebnis.

haupt gekommen ist. Dies mag zum einen dadurch zu erklären sein, daß die Autoren der traditionellen Erklärungsmodelle fast ausnahmslos Männer sind; zum anderen aber drängt sich der Verdacht auf, daß Freuds (1933a) Bekenntnis, ihm sei das weibliche Geschlecht stets rätselhaft und unverständlich geblieben, nicht nur die postfreudianische, sondern die generelle Theoriebildung nachhaltig geprägt zu haben scheint. Noch entscheidender ist aber die Annahme, daß eine geschlechtsspezifische Betrachtung der Suizidalität – dies gilt ebenso für andere Krankheitsbilder und pathologische Erscheinungen – auch nie intendiert gewesen ist, weil das »androzentrische Vorurteil« (Zilboorg 1944) einschließlich der Gleichsetzung des Menschen mit dem Mann eine solche Perspektive a priori aufhebt. Die Erklärungsmodelle ähneln sich darin, daß hier wie dort das männliche Verhalten, Erleben und Empfinden nicht nur der eigentliche Untersuchungsgegenstand, sondern auch stets der normsetzende ist, während dem Weiblichen immer nur eine untergeordnete, abgeleitete oder unsichtbare Position zugewiesen wird. Frauen, so zeigte sich, werden in der Suizidologie, wie es bereits Beauvoir (1951) mit ihrem bekannten Terminus postulierte, vorrangig als das »andere Geschlecht«, also in ihrer vom Mann abgeleiteten Identität definiert.

Sucht man nach Arbeiten, die sich explizit mit dem weiblichen Suizidverhalten befassen, ist die Anzahl gering (vgl. Canetto 1992, 1994; Kneissl 1984; Lindner-Braun 1990; Rachor 1995; Suter 1976), und sie verringert sich um ein Weiteres, wenn man psychoanalytische Studien (vgl. z.B. Dührssen 1967; Freud 1920a) über weibliches Suizidverhalten zu finden versucht. Eine Ausnahme bilden die psychoanalytischen Adoleszenztheoretiker, die zum Teil sehr differenzierte Thesen zum Suizidverhalten von Jugendlichen formuliert und geschlechtsspezifische Unterschiede rezipiert haben (vgl. Berger 1989a; Laufer u. Laufer 1984; Laufer 1995).

Diese Auslassung erstaunt um so mehr, wenn man bedenkt, daß Frauen auch aufgrund ihrer generell weitaus häufigeren Inanspruchnahme professioneller Hilfe (Psychotherapie, Kliniken, Beratungsstellen etc.), den Hauptanteil von Suizidantenkollektiven bilden und damit zu einem wie auch immer theoretisch ausgerichteten Forschungsgegenstand schlechthin werden müßten.

Imaginative Vorstellungen zur weiblichen Suizidalität reichen weit zurück bis in die Antike: Der erste überlieferte Suizid in der griechischen Mythologie wurde von der Nymphe Halia von Rhodos begangen.[3] Halia stürzte sich ins Meer, nachdem sie von ihren Söhnen vergewaltigt worden war (Ranke-Graves 1955; van Hoof 1988). Interessanterweise erscheint der Mythos von Halia, außer bei Hesiod, in keinem anderen mythologischen Bericht (Heinrich 1990). Auch in den klassischen Quellen (Ranke-Graves 1955; Kerenyi 1960) wird nur die Vergewaltigung und der anschließende Suizid Halias erwähnt. Van Hoof (1988) zufolge wird Halias Suizid unter die »pudor«, die Scham-Selbstmorde subsumiert. Bezeichnend ist demnach, daß Halia auf ihre Vergewaltigung nicht etwa mit Empörung oder Rache reagiert, sondern sich aus Scham über das Erlittene umbringt.

Will man mehr über Halia erfahren, so ist ihre Identität letztlich nur indirekt, über die in ihr Schicksal involvierten Figuren, zu entschlüsseln. Schon in dieser skizzenhaften Darstellung kündigt sich an, daß der Mythos von Halia selbst, aber insbesondere auch seine Rezeptionsgeschichte, als paradigmatisches Dokument einer patriarchalischen Kultur- und Wissenschaftsgeschichte gelesen werden kann, in der die Frau immer schon von Männern beschrieben wurde und in ihrer eigenen Identität und Subjekthaftigkeit nicht auffindbar ist:[4]

(a) Halia wird nur insofern als sie selbst charakterisiert, als sie eine Nymphe ist und sich ins Meer stürzt. Darüber hinaus verschwindet ihre Identität im Kontext ihrer sozialen Beziehungen: Sie ist die Ehefrau des Poseidon, die Schwester der Telchinen, die Mutter der Tochter Rhode und von sechs Söhnen; anderes erfährt man von Halia nicht.

(b) Halias Suizid – die erste Überlieferung wird auf etwa um 1500 v. Chr. datiert – markiert den gesellschaftlichen Umbruch von der matriarchalen zur patriarchalen Ordnung. Während die Vereinigung von Halia und Poseidon den

3 Nach Hirzel (1908/1966) ist Epikaste oder Jokaste, die Mutter und Gattin von Ödipus, die älteste Selbstmörderin in der griechischen Literatur.

4 Neumer-Pfau (1987) weist anhand der Unterschiede von antiken Männer- und Frauengräbern nach, daß im 7./6. Jahrhundert v. Chr.

Versuch der Wiederherstellung des Matriarchats darstellte, so scheiterte dieser gewaltsam dadurch, daß die Söhne Halias der androgynen Aphrodite, als Repräsentantin der Bisexualität,[5] den Zutritt auf Rhodos[6] verweigerten (Ranke-Graves 1955). Zur Strafe schlug Aphrodite die Söhne mit Wahnsinn und zwang sie zur inzestuösen Vergewaltigung ihrer Mutter. Das Patriarchat etablierte sich also – in dieser Lesart – infolge der Mißachtung des Prinzips der Bisexualität und beginnt mit dem Tod oder dem Suizid der Frau.

---

der Tod der Frau in der Öffentlichkeit eher unbemerkt bleiben sollte. Die traditionelle Geschlechtsrollenverteilung von Mann und Staat oder Öffentlichkeit auf der einen sowie Frau und Häuslichkeit auf der anderen Seite spiegelte sich auch in der antiken Grabkultur wider. »Entsprechend erhalten Männer anläßlich ihres (Helden-) Todes ein deutlich sichtbares Denkmal gesetzt, während Frauen weder zu Lebzeiten noch nach dem Tod in der Öffentlichkeit besonders hervortreten sollen. So sagt Sappho einmal zu einer Frau: ›Wenn du gestorben bist, wird es weder eine Erinnerung an dich geben noch ein Verlangen‹« (S. 26). Zum Ende des 5. Jahrhunderts v. Chr. habe sich dann ein bemerkenswerter Wandel vollzogen. Frauen starben nunmehr in der Öffentlichkeit und das – wesentlich häufiger als Männer – vor allem durch eigene Hand. Auch in den Dramen der drei größten Tragödiendichter manifestiere sich diese Wandlung: »Während bei dem ältesten, Aischylos, Frauen nur mit Selbstmord drohen und ein Mann ihn ausführt, töten sich in den erhaltenen Stücken des Sophokles vier Frauen, zwei davon durch Erhängen, zwei mit dem Schwert; demgegenüber stehen zwei männliche Selbstmörder. Bei Euripides schließlich finden wir die meisten Frauen, die bereit sind, in den Tod zu gehen: Fünfzehn begehen Selbstmord oder opfern ihr Leben für andere – gegenüber zwei Männern. Von den Selbstmörderinnen erhängen sich zwei, vier töten sich mit dem Schwert, die anderen geben sich den Tod durch Feuer, Gift oder den Sturz ins Meer« (Neumer-Pfau 1987, S. 28; vgl. auch Hirzel 1908/1966).

5 Nach Baumann (1986) galt Aphrodite als über der Hüfte männlich und darunter weiblich; sie repräsentierte damit auch den männlich/weiblichen Mond (vgl. auch Heinrich 1990).

6 Rhodos befand sich zu jener Zeit unter der männlich-patriarchalischen Herrschaft des Sonnengottes Helios. Die Verteidigung von Rhodos war für Helios gerade deshalb so zwingend notwendig,

(c) Halia wurde post mortem von den Inselbewohnern als Leukothea – »die zur rechten Zeit das Richtige tut« – verehrt. Nach Heinrich (1990) könnte die posthume Verherrlichung damit zu erklären sein, daß Halia durch den Sturz ins Meer, als einer regressiven Rückkehr in ihr weibliches Element, ihre körperliche Existenz zerstört, aber das weibliche Prinzip im Sinne der Selbstfindung zugleich im Tode rettet.

Der Mythos von Halia soll hier dazu dienen zu zeigen, daß sich in der das Feld beherrschenden epidemiologischen und medizinisch-psychiatrischen Erforschung der weiblichen Suizidalität die Auslassung und Konstruktion des Weiblichen fortsetzt: Die suizidale Frau ist in ihrer Subjekthaftigkeit nicht auffindbar; sie wird in bezug auf den Mann und über ihre Beziehungen definiert. Darüber hinaus kündigt sich im Mythos von Halia an, daß das Patriarchat die Frau zu einem stummen und psychosomatisch agierenden Aufbegehren zwingt.

Berücksichtigt man die lange – längst nicht überwundene – Tradition einer patriarchalischen Kultur- und Wissenschaftsgeschichte, die der »Affirmierung männlicher Selbstdefinition und Welterfahrung« (Rohde-Dachser 1991, S. 31) diente, und in der die Frau immer schon vom Mann definiert wurde, so gilt für die Erforschung der weiblichen Suizidalität offenbar Analoges. Die feministische Wissenschaftskritik (Bovenschen 1979; Hausen u. Nowotny 1986) hat gezeigt, daß das männliche wissenschaftliche Denken mit seinem universalistischen Anspruch die eigene Geschlechtsgebundenheit leugnet und sich zum Allgemeingültigen erklärt. Dies hat zur Folge, daß spezifisch weibliche Lebenszusammenhänge und Artikulationsweisen entweder ausgeblendet oder nicht hinreichend erfaßt werden können und die Geschlechterdifferenz auch dort implizit enthalten ist, wo sie nicht explizit thematisiert wird. Auch die amerikanische Autorin Canetto (1992) gelangte durch ihre wissenschaftskritische Sichtung angloamerikani-

---

weil Zeus, der die Inseln und Städte an die Götter verteilte, Helios übersehen hatte. So mußte sich Helios mit der Insel Rhodos begnügen, die nach einer durch Zeus ausgelösten Sturmflut gerade erst wieder aufgetaucht war (vgl. Heinrich 1990).

scher empirischer Studien zum geschlechtsspezifischen Suizidverhalten zu der provokanten These, daß die vermeintlich objektiven Fakten des Suizidverhaltens nur als eine Reproduktion von Geschlechtsrollenstereotypen zu interpretieren seien. Der wissenschaftliche »circulus vitiosus« bestünde darin, daß der Blick der Wissenschaftler und damit die traditionellen Suizidtheorien in einem hohen Maße von männlichen und weiblichen Geschlechtsstereotypen beeinflußt seien, die wiederum ein normativ angepaßtes männliches oder weibliches Suizidverhalten evozierten und vice versa das Vorverständnis der Suizidologen prägten. Die Autorin postuliert, daß nicht nur das individuelle Suizidverhalten kultur- und geschlechtsabhängig ist, sondern daß auch der Wissenschaftler von kulturell bedingten Annahmen über die Differenz der Geschlechter geprägt ist, was dazu führe, »daß das, was die Forscher ›fänden‹, davon abhängt, wonach sie suchten und bereit seien zu erkennen« (S. 13; Übersetzung v. d. Verf.; vgl. auch Gerisch u. Köhler 1993, Anm. 1; Kneissl 1984; Kuhn 1962; Suter 1976; Rachor 1995).[7]

In Anknüpfung an diese Ideologiekritik wird hier die These vertreten, daß auch die Suizidologie in der Tradition einer männlichen Wissenschaftsgeschichte steht (Gerisch 1996, 1997, 1998). Denn es zeigt sich, daß die Darstellung suizidalen Verhaltens von Frauen in der Regel nicht nur durch männliche Autoren erfolgt, deren Untersuchungen bereits selbst implizite Setzungen über die Differenz der Geschlechter enthalten, sondern das weibliche Suizidverhalten wird stets in Abgrenzung zum männlichen Suizidverhalten zu erfassen ver-

7 Bemerkenswert ist, daß die hier angeführten Thesen ihre Bekräftigung aus einer ganz anderen Forschungsrichtung erhielten. In dem Buch »Trauer, Verzweiflung und Anfechtung. Selbstmord und Selbstmordversuche in mittelalterlichen und frühneuzeitlichen Gesellschaften« (1994) kommen die Autoren und Autorinnen aus Rechts-, Literatur- und Religionswissenschaft unisono zu folgender These: »Zumindest in einem Punkt aber überschneiden sich diese Vorstellungen und Haltungen (zum Selbstmord, B. G.), und dies über die Jahrhunderte hinweg: Sie sind eng mit den *herrschenden Geschlechterstereotypen* und dem sozialen Status der Betroffenen verwoben (Signori 1994, S. 7; Hervorhebung v. d. Verf.).

sucht. Mehr noch: Bei der Durchsicht der Suizidliteratur fällt auf, daß biologistisch orientierte Hypothesen ausnahmslos zur Erklärung des Suizidverhaltens von Frauen, nicht aber für das von Männern aufgestellt werden (Kneissl 1984; Schmidke 1988). Frauen unterliegen demnach primär den Einflüssen von Menstruation, Schwangerschaft und Klimakterium, nicht aber den Auswirkungen auch intrapsychisch bedeutsamer soziokultureller Prozesse.

Zusammengefaßt ließe sich festhalten, daß in den Theorien zum weiblichen Suizidverhalten also weniger das innere Erleben der suizidalen Frau zum Ausdruck kommt, als vielmehr die Phantasien, Ängste und Projektionen des Mannes. Das Ausmaß der weiblichen Suizidproblematik wird folglich dort verortet, wo sich die Frau am eindeutigsten vom Mann unterscheidet: im Körper. Der weibliche Körper als Präsentationsort männlicher Projektionen ist als Weiblichkeitskonstruktion von den benachbarten Sozial- und Geisteswissenschaften schon längst diskursiv in den Blick genommen worden und ist damit kein neuer Gedanke (Adorno u. Horkheimer 1947; Bovenschen 1979; Hardach-Pinke 1982; Weigel u. Stephan 1983; Weigel 1989; von Braun 1985, 1989, 1992; Hausen u. Nowotny 1986; Schuller 1982, 1990; Rohde-Dachser 1991; Bronfen 1987, 1992, 1994). Bemerkenswert ist aber, daß dieser Aspekt in den herkömmlichen Erklärungsversuchen der Suizidologie bisher kaum reflektiert wurde.

Kritische Sichtung der soziologischen, epidemiologischen und medizinisch-psychiatrischen Erklärungsmodelle der Suizidalität

In den Theorien zur weiblichen Suizidalität wird a priori der Anschein erweckt, als seien die suizidbegünstigenden oder -hemmenden Ursachen allein in der sogenannten Natur der Frau zu suchen. Paradigmatisch für dieses Phänomen ist Durkheims – längst nicht überwundene – Argumentationsweise aus dem Jahre 1897. Erstaunlich war nämlich, daß Durkheims zentrale These, daß soziale Integration suizidhemmend auf die Individuen wirke, den empirischen Befunden über das weibliche Selbstmordverhalten widersprach. So zeigte sich, daß unverheiratete Frauen weniger selbstmordgefährdet waren als verheiratete Frauen ohne Kinder. Mehr noch: Während in den Ländern mit der rechtlichen Möglichkeit einer Ehescheidung die Selbstmordrate der Frauen sank, erhöhte sich dieselbe bei den Männern. Da sich die relative Selbstmordimmunität der Frau folglich nicht mit der protektiven Funktion der Ehe erklären ließ, sah sich Durkheim zugunsten der Aufrechterhaltung seiner Theorie offenbar gezwungen, eine biologisch-instinkthafte Steuerung der Frau zu postulieren, die er wie folgt herleitete: »Die sexuellen Bedürfnisse haben nämlich bei der Frau einen weniger geistigen Charakter, weil allgemein gesprochen ihr geistiges Leben weniger entwickelt ist (…). Da die Frau ein viel instinktiveres Wesen ist als der Mann, braucht sie diesen Instinkten nur zu folgen, um Ruhe und Frieden zu finden« (Durkheim 1987, S. 313).

Das Postulat der Instinkthaftigkeit der Frau enthält kulturhistorisch bekannte, immer wiederkehrende Implikationen: Einerseits bedarf die Frau nicht der sozialen Integration, da es ihr Körper ist, der die notwendige normative Regulation übernimmt; das heißt auch, daß sie, den Tieren vergleichbar, nicht in interaktionelle und interpersonelle Prozesse eingebunden ist, innerhalb derer sich Subjektivität und Identität überhaupt erst konstituieren. Andererseits ist es gerade ihr Körper und die damit einhergehende mangelnde Sublimierungsfähigkeit, der sie von der Teilhabe an der Öffentlichkeit ausschließt. Weil nämlich der weibliche Körper einschließlich seiner spezifischen Fortpflanzungsfunktionen die Frau immer wieder periodisch labilisiert, könne die Frau – so ein bekanntes Argument zur Jahrhundertwende – schon von Natur aus nicht in den Dienst politischer Aufgabenbereiche gestellt werden (Laqueur 1992).

Darüber hinaus wird mit dieser Hypothese nicht mehr nach der ja durchaus vorhandenen Motivation der Frau zum Suizid gefragt. Denn, wie um seine Theorie nicht zu gefährden, gelangte Durkheim (1897) unvermittelt zu dem Schluß, daß die Frau aufgrund ihrer geringeren Abenteuerbereitschaft und ausgeprägteren Passivität sich den Stürmen des Lebens eher schicksalhaft ergeben, als einen Suizid in Erwägung ziehen würde. Hätte Durkheim seine Argumentation nur konsequent genug fortgesetzt, dann hätte er wohl erkennen müssen, daß

Frauen, insbesondere im 19. Jahrhundert, sowohl in der Ehe als auch mit ihrer sozialen Rolle in einem hohen Maße unzufrieden waren.

Soziokulturellen Aspekten wurden interessanterweise immer erst dann eine Bedeutung eingeräumt, wenn diese eine partielle Befreiung der Frau in Aussicht stellten. So gelten Emanzipation, Säkularisierung und Erwerbstätigkeit noch immer unbestritten als die Ursachen für den Anstieg der weiblichen Selbstmordrate und – im übrigen – auch für den Anstieg der Gewalttaten von Frauen (Wiese 1993). Es wird somit der Eindruck erweckt, als trage die Emanzipation zur Entfesselung unheilvoller aggressiver Impulse bei; es scheint, als dringe hier die Angst des Mannes durch, daß die emanzipierte Frau zur sich selbst tötenden oder aber schlimmer noch, zur mordenden Frau wird.

Es soll deutlich gemacht werden, daß sich der um die Frau rankende Begriff der Natur selber schon das »Produkt einer Entfremdung« (von Braun 1985, S. 217) ist, der, je nach Bedarf, unterschiedlich gefüllt wird. Die Instinkthaftigkeit der Frau ist aber nicht nur ein »Kunstgebilde« (von Braun 1985, S. 216), sondern vor allem ein Politikum: Wie der amerikanische Historiker Laqueur (1992) – an Foucault (1976) anknüpfend – in seiner ausgezeichneten Studie über »Die Inszenierung der Geschlechter von der Antike bis Freud« zeigt, erfolgte die politische Indienstnahme der vermeintlich naturgesetzlich verankerten Dichotomie von »Frau und Natur« einerseits, sowie »Mann und Kultur« andererseits, insbesondere durch den gesellschaftlichen Umbruch der Aufklärung. Da nämlich die universalistischen Forderungen der Aufklärung nach menschlicher Freiheit und Gleichheit die weibliche Hälfte a priori keineswegs ausschlossen, mußte sich in der Natur gründlich umgesehen werden, um die Dominanz der Männer in der politischen Öffentlichkeit zu legitimieren; es ging nun darum, »soziale Merkmale in den Naturzustand einzuschmuggeln«, wie es Carol Patemann (zit. n. Laqueur 1992, S. 224) formulierte. In Anknüpfung an die in den USA entfachte sex- und gender-Debatte, nach der das biologische vom soziokulturellen Geschlecht zu unterscheiden sei, geht Laqueur (1992) noch einen Schritt weiter. Er vertritt die These, daß die physiologische Ausstattung von Mann und Frau keineswegs als ontogenetische Konstante aufgefaßt wurde, sondern daß auch die verschiedenen Interpretationen der Sexualorgane immer schon fest in kulturellen Programmen verankert waren.

Die epidemiologischen und medizinisch-psychiatrischen Erklärungsmodelle der Suizidalität

Suizidalität und Menstruation

Durkheims Argumentation als antiquierte Sichtweise des ausgehenden 19. Jahrhunderts abzutun, würde demnach zu kurz greifen. Denn auch die biologistischen Hypothesen des 20. Jahrhunderts zu den geschlechtsspezifischen Unterschieden im Suizidverhalten unterscheiden sich kaum von Durkheims These der »biologisch-instinktgeleiteten« Frau. So wird das differierende Suizidverhalten auch auf die hormonelle Ausstattung der Frau, auf die Menstruation zurückgeführt. Eine Tradition, die letztlich an Hippokrates anknüpft. Schon er glaubte, daß Selbsttötungstendenzen während der Menstruation deshalb vermehrt auftreten würden, weil die »Fäulnis des Blutes« zur »Geistesverdunkelung« und zu »schreckerregenden Halluzinationen« führe (zit. n. Krebs 1982, S. 89). Der sich dann im 19. Jahrhundert vollziehende Wandel von der Fruchtbarkeit des weiblichen Körpers zu dessen »Krankhaftigkeit« trägt die Ansätze einer zweifachen Abwehrbewegung: Die Kastrationsangst des Mannes führt zur These des beschädigten und verletzten Frauenkörpers, und die abgewehrte Todesangst bringt die Vorstellung von der »Giftigkeit des weiblichen Blutes« hervor, nach der die Berührung mit der Frau zur Berührung mit dem Tod wird (von Braun 1985, S. 119ff.). Die prägenden Auswirkungen dieser phantasmatischen Ausgestaltungen auf die Suizidtheorien sind dabei unübersehbar. Denn das gehäufte Vorkommen von Suizidversuchen während verschiedener Phasen des Menstruationszyklusses, eine Kovariation, die aufgrund methodischer Probleme als umstritten gilt, führte seit Anfang des Jahrhunderts bis heute vorwiegend unter männlichen Suizidologen zu einer hitzigen Debatte darüber, ob denn nun die prämenstruelle, menstruelle oder postmenstruelle Phase die suizidprädisponierende Zeitspanne sei (vgl. zusammenfassend Schmidke 1988). Insgesamt zeigt sich, daß im postulierten Zusammenhang von Suizidalität und Menstruation im wesentlichen zwei traditionell bekannte Weiblichkeitsentwürfe enthalten sind: Zum einen spiegelt sich die historische Vorstellung wider, daß die Menstruationsblutung der Frau zur Entfesselung aggressiver Impulse beiträgt. Zum anderen dringt die implizite Setzung durch, daß die spezifisch weiblichen Funktionen etwas mit Krankheit und Kränkung zu tun haben. Die Bedeutung hormoneller Prozesse auf die Psyche der Frau – aber auch auf die des Mannes – soll nicht in Abrede gestellt werden, aber es wird hier die These vertreten, daß die individuelle Erlebensweise nicht allein naturgesetzlich verankert, sondern, wie auch ethnopsychoanalytische Vergleiche zeigen, in hohem Maße kulturspezifisch geprägt ist (Nadig 1990).

»Eine Gesellschaft ist schließlich keine Spezies: in ihr verwirklicht sich die Spezies als Existenz; sie transzendiert sich auf die Welt und auf die Zukunft hin. Ihre Sitten leiten sich nicht aus der Biologie ab. Die Individuen sind nie ihrer Natur überlassen, sie gehorchen jener zweiten Natur, der Sitte, in der sich die Wünsche und Ängste spiegeln, die ihre ontologische Einstellung ausdrücken. *Nicht als bloßer Körper, sondern als Körper, der Tabus und Gesetzen unterworfen ist, wird sich das Subjekt seiner selbst bewußt* ...« (Beauvoir 1992, S. 61; Hervorhebung v. d. Verf.).

Diese Sicht Beauvoirs (1951) verdeutlicht die auch gegenwärtig unzureichende Berücksichtigung der Tatsache, daß Psyche und Hormonausschüttungen in einem reziproken Verhältnis zueinander stehen, in dem Sinne, daß auch die Psyche letztlich ihre Auswirkungen auf den Hormonspiegel hat (von Braun 1985). Selbst wenn sich also ein signifikanter Zusammenhang zwischen Menstruation und Suizidalität nachweisen ließe, so wäre dies kein Beweis für den von Natur aus schwachen oder kranken weiblichen Körper, sondern für den soziokulturell determinierten Aneignungsprozeß des Körperlichen, der mit seiner jahrhundertelangen Entwertung des Weiblichen auch heute noch seine Spuren in der Psyche der Frau hinterläßt (Olbricht 1990).

Auch zu dem Phänomen der gleichwohl seltenen suizidalen Handlungen während oder nach der Schwangerschaft existieren zahlreiche epidemiologische Untersuchungen, in denen diskutiert wird, zu welchem Zeitpunkt der Schwangerschaft es zu mehr oder weniger gewaltsamen Suizidversuchen oder Suiziden komme (vgl. zusammenfassend Schmidke 1988). Als auslösende Faktoren gelten primär hormonelle Veränderungen einschließlich der als hormonell bedingt interpretierten Schwangerschaftspsychosen. Nurmehr am Rande werden auch »soziale Gründe« oder Partnerschaftsprobleme in Betracht gezogen. Übereinstimmend wird aber konstatiert, daß die Schwangerschaft gegen Suizid und Suizidversuch einen quasi natürlichen Schutz darstelle.

Bei all diesen biologistischen Konstruktionen fällt die mangelnde Reflexion des Phänomens auf, daß weibliches Verhalten durch einen Rekurs auf die Natur zu erklären versucht wird, ein Begriff gleichwohl, der je nach kulturellem Hintergrund und politischer Notwendigkeit ganz unterschiedlich gefüllt wird. Einerseits wird Weiblichkeit mit Begriffen wie Natur, Instinkt, natürliche und instinktive Mutterschaft etc. assoziiert, was immer auch als ein Beweis für eine naturgegebene Selbstverständlichkeit gilt; andererseits, so merkt von Braun (1985, S. 215ff.) zu Recht an, gibt es gerade im 20. Jahrhundert eine Fülle von medizinischem, pädagogischem und psychologischem Lehrmaterial, das vorgibt zu wissen, was die weibliche Natur ist, also auch, wie die Frau als Mutter zu sein hat. Die biologistischen Hypothesen liefern letztlich dadurch den Beweis, daß die menschliche und insbesondere die weibliche Natur kein biologisch-hormoneller Prozeß ist, sondern ein kultur- und kontextabhängiges Konstrukt. Der argumentative Widerspruch, daß Natur etwas Natürliches und letztlich doch zu Determinierendes ist, wird noch offenkundiger, wenn die triumphalen Errungenschaften des medizinischen Fortschritts die kausale Verknüpfung von Frau und hormoneller Steuerung plötzlich außer Kraft zu setzen scheint und ad hoc ein neue Argumentationsweise geschaffen werden muß: »Nachdem über Jahrhunderte die Gebärmutter für alle möglichen seelischen und körperlichen Erkrankungen oder Gesundheitszustände der Frau verantwortlich gemacht wurde, verkündet ein Team englischer Forscher nunmehr, daß die Hysterektomie keinen Einfluß auf die weibliche Psyche habe. Sie stellten bei den Frauen ›sogar weniger depressive Zustände als vor der Operation‹ fest« (von Braun 1985, S. 225; vgl. auch Laqueur 1992).

Eine ähnlich überraschende Schlußfolgerung findet sich auch für den Zusammenhang von Suizid und Schwangerschaft. Da übereinstimmend konstatiert wird, daß die Schwangerschaft gegen Suizid und Suizidversuch einen quasi natürlichen Schutz darstellt, kommt es dort, wo die Natur ihren Dienst versagt – bei hartnäckiger Verleugnung der psychischen Bedeutung von Mutterschaft (Berger 1987, 1988, 1989, 1989a) und anderer Faktoren – zu der eigentümlichen These, daß Suizide in der Schwangerschaft ohne Beziehung zur Schwangerschaft selbst stünden (Barno 1967).[8]

Das Motiv der »schönen Leiche«

Im Gegensatz zur »Krankhaftigkeit« des weiblichen Körpers findet sich im Kontext der geschlechtsspezifischen Unterschiede in der Methodenwahl die These der narzißtischen Überbewertung des Körpers bei der Frau. Die Wahl weniger körperentstellender Suizidversuchsmethoden von Frauen wird auch darauf zurückgeführt, daß Frauen, selbst über ihren Tod hinaus, eitler seien und daher ein Verhalten meiden würden, das ihren Ruf und insbesondere ihren Körper schädige (Dig-

8 In den Berichten des Spätmittelalters wird den Postpartum-Depressionen und Kindbettpsychosen sowie der damit einhergehenden suizidalen Befindlichkeit der Wöchnerin ein bemerkenswert großes Interesse eingeräumt: »Der Akt der Selbstzerstörung kontrastierte in seiner Aggressivität mit gängigen Geschlechterstereotypen (die friedfertige Frau, folgen wir den Schriften gewisser Kirchenmänner, ist keine Erfindung der Moderne). Den Widerspruch löste man, indem man familiäre Verluste oder das als prekär erkannte psychische Gleichgewicht von Kindbetterinnen geltend machte und damit die Selbstmordursachen gleichsam in den häuslichen Bereich zurückband« (Signori 1994, S. 150f.).

gory u. Rothman 1961; Lester 1969). Nach Singer (1980) soll schon der Massensuizid der milesischen Jungfrauen in der Antike dadurch beendet worden sein, daß man eine Suizidantin nackt zum Begräbnis trug, was potentielle Imitatorinnen schließlich abgeschreckt habe (zitiert nach Schmidke 1988, S. 82). In Anknüpfung an die antike Form der Entweihung des Körpers, mit der gezeigt werden sollte, wie abscheulich die begangene Tat gewesen ist, favorisierte auch der erste Methodistengründer John Wesley eine ähnliche suizidpräventative Maßnahme. Im Jahre 1790 schlug Wesley vor, den nackten Körper von *weiblichen* Suizidanten zur Abschreckung durch die Stadt zu tragen (Hillmann 1993).

Diese Interpretationen der »Sleeping Beauty« (Suter 1976) wecken den Verdacht, als hätte sich tief ins weiblich Imaginäre das Leitmotiv der Kunstproduktion im 19. Jahrhundert, das der »schönen Leiche« (Bronfen 1994), eingeschrieben, als folgten die Frauen unbewußt Edgar Allan Poes (1846) ästhetischer Maxime, für den der Tod einer schönen Frau das poetischste Thema der Welt war. Bronfen (1994) zeigt am Motiv »der schönen Leiche« in Kunst und Literatur, daß der Ausschluß und insbesondere die Tötung des Weiblichen konstitutiv für die Hervorbringung der männlichen kulturellen Ordnung gewesen sei. In ihrer Argumentation interpretiert Bronfen (1992) die Kunst als ein Symptom, das verneint und artikuliert, was es zu verdrängen sucht. In diesem Sinne avanciert das Motiv der »schönen Leiche« zum Repräsentationsort männlicher Projektionen, an dem die Angst vor dem Tod und das Begehren nach dem Tod abgehandelt werden.[9] Den Topos

---

9 Dem Topos »Weiblichkeit und Tod« ist eine eigentümliche Doppelstruktur immanent, nach der die Frau einerseits als Getötete und andererseits als Tötende erscheint: »Als ermordete Töchter, als tote Geliebte, als leblose Marmorstatuen, als schöne Leichen sind sie Opfer männlichen Herrschafts- und Besitzdenkens, Objekte eines tödlichen Begehrens. Als mordende, tötende, Tod bringende Mänaden, als phallische, kastrierende Frauen feiern die Toten ihre Wiederauferstehung im Text. Klytämnestra, Medea, Judith, Salomé – sie alle sind Variationen eines Themas: Der Wiederkehr der Verdrängten, Ausgegrenzten, Getöteten« (Berger u. Stephan 1987, S. 2).

der »schönen Leiche« als Symptom im Sinne einer gescheiterten Verdrängung zu interpretieren heißt also, daß das unbewußte Wissen über den Tod projektiv im Dienste der Unsterblichkeitsphantasie abgewehrt und am Körper der Frau zugleich zum Ausdruck gebracht wird. Das Motiv der »schönen Leiche« erfüllt nach Bronfen (1987, 1992, 1994), in seiner doppelten Codierung, demnach zweierlei Aufgaben: Einerseits wird das Beunruhigende, der Eros und das Bedrohliche, der Tod, in der Frau deponiert und damit abgewehrt und ausgegrenzt. Andererseits wird die Frau als »Andere« zur Dynamisierung der Gesellschaft benötigt, um sowohl in Abgrenzung von ihr die Norm zu definieren als auch sicherzustellen, daß die Gefahr für die Stabilität des patriarchalischen Weltentwurfs, im handhabbaren Bild der »schönen Leiche«, gebannt ist (Bronfen 1992, S. 405f.). Betrachtet man unter diesem Aspekt die öffentliche Entweihung des selbstgetöteten Körpers, so bestätigt sich Bronfens These. Denn sowohl in der Antike als auch im späten 18. Jahrhundert wurde diese Variante der öffentlichen Schändung augenscheinlich nur am weiblichen, nicht aber am männlichen Körper begangen. Auch hier verdichten sich Abgewehrtes und die Wiederkehr des Verdrängten zugleich. In der Zurschaustellung des Suizids als abscheulichem Verbrechen am toten weiblichen Körper wird sowohl die Abwehr des Todes als auch die Entwertung des Weiblichen gleichermaßen zum Ausdruck gebracht. Der Suizid als autonomer Akt, verübt zudem von einer Frau, induziert eine doppelte männliche Verfolgung: Es ist der Mann, der über Leben und Tod zu richten hat, ein Privileg, dem sich gerade eine Selbstmörderin nicht ungestraft entziehen darf.

Vor dem Hintergrund dieser Thesen ist es bemerkenswert, daß Diggory und Rothmann (1961) zu ihrer Schlußfolgerung, daß Frauen mehr Wert auf ihre äußere Erscheinung legen, aufgrund des von Männern und Frauen unterschiedlich beantworteten Items »Ich habe Angst davor, was mit meinem Körper nach meinem Tod geschehen könnte« gelangten. Erstaunlich ist nun, daß die Autoren den höheren Punktwert, den Frauen hier erreichten, dahingehend interpretierten, daß Frauen auch über den Tod hinaus mehr Wert auf ihre äußere Erscheinung legen würden. Aus der Perspektive des Topos »der schönen Leiche« betrachtet, drängt sich vielmehr die Annahme auf, daß die Angst, die die Frauen damit zum Ausdruck brachten, mit der schon im Leben erfahrenen Enteignung und Zurichtung des eigenen Körpers korrespondierte, die auch noch nach dem Tode – zu Recht – gefürchtet wurde (Lamott 1992).

Darüber hinaus verrät die Interpretation der »schönen Suizidantin«, daß der Frau die Ästhetisierung des Körpers üblicherweise als Faktum ohne Hintergrund bescheinigt wird, ohne Reflexion dessen, daß die Frau einerseits zur Pflege ihres Körpers verpflichtet (äußere Attraktivitätskriterien) und er ihr andererseits als störungsanfällig und unvollständig erlebbar gemacht wird (Kneissl 1984, S. 272; vgl. auch Suter 1976; Olbricht 1990; Sies u. Nestler 1992). Auch Suter (1976) verweist auf die eigentümliche Paradoxie, daß die Frau einerseits schon früh erfährt, daß ihr Selbstwert insbesondere von der äußeren und sozialen Attraktivität abhängt, und sie andererseits aber gerade deshalb als sensibel, eitel, narzißtisch und übertrieben körperbezogen entwertet wird. Schon Freud (1933a) beschrieb die »narzißtische Eitelkeit des Weibes« als kompensatorische Reaktion der Frau auf ihre anatomische Mangelausstattung. Ihm zufolge wird der Blick in den Spiegel für die Frau nur selten zu einer grandiosen Selbstbespiegelung als vielmehr zu einer selbstkritischen Suche nach dem Mangel, in die der antizipierte männliche Blick bereits eingebunden ist (Akashe-Böhme 1992). Die Scham der milesischen Jungfrauen und die »Schönheit« der Suizidantin scheinen also weniger ein Beweis für das vermeintlich naturgegebene ästhetische Empfinden der Frau zu sein, als vielmehr ein Versuch, den imaginären Mangel durch Ästhetisierung zu verschleiern. Denn schon immer haben sich Frauen zwangsläufig mit der ihnen zugeschriebenen Wirklichkeit identifiziert. Weiblichkeitsimagines und -szenarios erhalten auf diese Weise ihren festen Platz auch im weiblichen Imaginären (Weigel 1989, S. 334).

Die Phantasie der »schönen Leiche« kann also auf seiten der potentiellen Suizidantin die identifikatorisch gewonnene Überzeugung zum Ausdruck bringen, nichts zu sein, aber »schön sterben« zu können, wie es auch in Plaths (1965) Gedicht »Lady Lazarus« – »Sterben ist eine Kunst, wie alles. Ich kann es besönders schön« – anklingt. Mit dem ästhetisch inszenierten Selbstmord kann aber auch das Ziel verbunden sein, nicht nur zur schönen Leiche zu erstarren, sondern durch die Provokation spezifischer Interpretationen – etwa »der Reue am Grab« (Kind 1992) – zur Akteurin über den eigenen Tod hinaus zu werden. In diesem Akt wird die Frau dann nicht geschaffen, sondern sie erschafft sich selbst.

Zur geschlechtsspezifischen Methodenwahl

Dem weiblichen Suizidversuch wird nicht selten a priori die Ernsthaftigkeit abgesprochen, weil Frauen vom Suizidversuch geradezu inflationär Gebrauch machen würden, und weil sie deutlich häufiger als Männer sogenannte weiche Methoden verwenden würden.

In diesem Zusammenhang wird auch die These vertreten, daß der Medikamentenmißbrauch bei Frauen verbreiteter sei und weniger sanktioniert würde als dies bei Männern der Fall sei, wodurch sich die Wahrscheinlichkeit eines Suizids/Suizidversuchs mit Tabletten erhöhe (Neuringer 1982). Berkowitz (1962) postuliert, daß Frauen von Natur aus weniger aggressiv als Männer sind, und sich damit die unterschiedliche Methodenwahl erklären läßt.[10] Geschlechtsspezifische Unterschiede seien sogar für einzelne Suizidversuchsarten nachzuweisen. Frauen sollen sich eher in den Körper, Männer eher in den Kopf schießen. Es wird auch berichtet, daß Frauen größere Schwierigkeiten hätten, sich gefährliche Suizidmittel, wie et-

---

10 Signori (1994) kommt in ihrer Sichtung zum Suizidverhalten im Spätmittelalter zu folgendem Ergebnis: »Spätmittelalterliche Wunderberichte legen nahe, daß man gesteigerte Aggressivität verbaler und physischer Natur bei Frauen eher mit Besessenheit verband, während man bei Männern dieselben Erscheinungsbilder gewöhnlich als eine Spielart von Phrenesie (Raserei) betrachtete« (S. 127). Und an anderer Stelle: »Die Darstellung männlichen Tobens – vorausgesetzt, man nahm ihre verbalen und körperlichen Ausschreitungen überhaupt als geistige Störung wahr – entbehrte meist jeder Anspielung auf Besessenheit. (...) Aggressives Verhalten von Männern war Bestandteil und Privileg ihrer Männlichkeit. (...) Demgegenüber kontrastierten weibliche Aggressionen mit den gängigen Rollenbildern; aus diesem Grunde neigte man auch eher dazu, ihre Rollenüberschreitungen auf wesensfremde, äußere, eben dämonische Einflüsse zurückzuführen« (S. 128).

wa Schußwaffen zu besorgen (vgl. zusammenfassend Schmidke 1988). Schneider (1954) meint gar, daß Frauen einen »erfolgreichen« Suizid aufgrund größerer »Ablenkbarkeit« und mangelnder intellektueller Fähigkeiten nicht so gut planen können; sie zeigen eine mangelnde »Konsequenz« und einen geringeren Erfolg in der Durchführung des Suizids. Lester (1969) stellt die These auf, daß Frauen aufgrund ihrer geringeren Körperkraft im Umgang mit Schußwaffen und Messern eine »mechanische Inkompetenz« (S. 342) aufweisen.

Die vorwiegend deskriptiven Interpretationen dieses Phänomens nehmen sich nicht selten tautologisch aus: Frauen verüben die sogenannten leichten Suizidversuche, eben weil sie Frauen und »anders« als Männer sind (Kneissl 1984, S. 212). So entsteht der Eindruck, »daß es als quasi naturwüchsige Gegebenheit anzuerkennen sei, daß Frauen häufiger nicht letal endende Suizidhandlungen verüben (aus Gründen wie Partnerkonflikten, narzißtischen Kränkungen) als Männer. Spärliche Ansätze, die das Warum dieser Beobachtungen berühren, bleiben auf halbem Wege stecken, indem dort auf die – gegenüber dem Mann – anders strukturierte Persönlichkeit, die andere Natur der Frau zurückverwiesen wird« (Kneissl 1984, S. 242).[11]

Es wird zwar immer wieder betont, daß Suizidversuch und Suizid als unterschiedlich motivierte Verhaltensmuster einzuschätzen seien, daß also der Suizidversuch nicht zwangsläufig als ein mißglückter oder vorgetäuschter Suizid interpretiert werden dürfe, und doch bleibt die tödlich endende Suizidhandlung hinsichtlich der Frage der Ernsthaftigkeit das normsetzende Kriterium. Bei der Suizidversuchshandlung von Frauen – das gleiche gilt aber auch für Männer – ist in der Regel nicht der Tod das Ziel, aber Frauen meinen es ernst mit dem kommunikativen Gehalt des Suizidversuchs. Schon der für den Selbstmordversuch synonym gebrauchte Terminus

11 Auch für dieses Phänomen findet sich bereits eine bemerkenswerte Paralle im Spätmittelalter: »Die Quellen sprechen dafür, daß die spätmittelalterliche Gesellschaft Selbstmörderinnen grundlegend anders begegnete als Selbstmördern: bei Frauen war man offenkundig eher bereit, die Tat zu entschuldigen. Eine ähnliche Haltung beobachtet die historische Kriminalitätsforschung auch in Zusammenhang mit anderen ›Delikten‹« (Signori 1994, S. 150).

»Theaterselbstmord« (Schmidt 1938) verrät, daß sich die im Rahmen der Hysteriedebatte des ausgehenden 19. Jahrhunderts verwendeten Begriffe wie Täuschung und Simulation als weibliche Attribute erneut Geltung verschaffen. Das Pendant zur »identitätslosen« Hysterikerin, die sich mit der »proteusartigen Verwandlungskunst« (Weininger 1905) ihres Körpers den gängigen medizinisch-psychiatrischen Kategorisierungen entzog, ist gegenwärtig die weibliche Suizidantin mit dem latenten Sinn ihrer Suizidversuchshandlung. Der Simulationsstreit von einst, der darin gipfelte, der Hysterikerin ein großangelegtes Täuschungsmanöver zu unterstellen (von Braun 1985; Schuller 1982, 1990), ist heute durch die Annahme abgelöst, daß es dem weiblichen Suizidversuch grundsätzlich an Ernsthaftigkeit mangelt. Weil die Frau es mit dem Tod nicht ernst meint, wird der intentionale Gehalt ihrer Suizidversuchshandlung auf ein hysteriformes Agieren reduziert.

Zusammengefaßt entlarvt die Metapher vom »Theaterselbstmord« nicht nur die Bagatellisierung des gleichwohl verborgenen Leidens der Frau, sondern sie eignet sich auch, um den bedrohlichen Impuls der Suizidhandlung abzuwehren.

Zur geschlechtsspezifischen Motivation: *»She died for love and he for glory«*

Schon in der Antike wurden drei klassische Motive beschrieben, die Frauen in den Selbstmord trieben. Neben den Schamselbstmorden und den sogenannten Opfertoden, in denen die Frau zur Rettung des Mannes den Tod wählte, avancierte insbesondere die Selbsttötung aus Liebeskummer zu einem zentralen Thema in der griechischen Tragödie (Neumer-Pfau 1987).[12]

12 Auch Signori (1994) gelangt für die Motivlage von Frauen und Männern im Spätmittelalter zu folgendem Schluß: »Die Seelennöte dieser Frauen kreisten vorwiegend um den traumatischen Verlust von engsten Familienangehörigen, konkret Ehemännern und Kindern. Männer, die nicht über den Verlust von Frau und Kind hinwegkamen, suchen wir im Kontext der spätmittelalterlichen Wunderbücher dagegen vergeblich« (S. 138).

Bereits Freud (1896c, 1920a) postuliert im Rahmen der entlang der Hysterie entwickelten Verdrängungslehre, daß ein aktueller Anlaß nur dann traumatisch wirkt, wenn dieser eine verdrängte, unbewußte Konfliktthematik aktualisiert (Gerisch 1987). Auch Gaupp betont schon 1905, »daß traumatische Situationen die Tat auslösen, niemals aber verursachen können (S.18; vgl. auch Linden 1969). Henseler (1981) vertieft diese Annahme und postuliert eine grundsätzliche Diskrepanz zwischen dem bewußt mitgeteilten Motiv und dem in der Regel unbewußten Konflikt.

Obwohl also bereits Gaupp (1905) zu Beginn des 20. Jahrhunderts ein einfaches Kausalitätsmodell, das Ursache und auslösendes Motiv des Suizidversuchs schlüssig zu benennen vermag, in Frage stellte, wird auch gegenwärtig übereinstimmend die Auffassung vertreten: »She died for love and he for glory«,[13] wie Canetto (1992) diesen Mythos pointiert zusammenfaßte; Frauen also infolge partnerschaftlicher Konflikte, Männer demgegenüber aufgrund von Problemen mit ihrer Erwerbstätigkeit zum Suizidversuch motiviert werden. Zusammengefaßt gelangt Canetto (1992) zu der These, daß Frauen und Männer gleichermaßen sensibel auf Konflikte in zwischenmenschlichen Beziehungen, auf berufliche Schwierigkeiten und auf Krisenzeiten reagieren. Die Frage hingegen, welches Suizidverhalten und welche Methode gewählt werden, was als auslösender Faktor angegeben und wie das suizidale Reagieren rationalisiert wird, ist abhängig von den kulturspezifischen Normen und Erwartungen hinsichtlich des Kontextes »Geschlecht und Suizid«. Das heißt, je nachdem wie ausgeprägt sich der einzelne den normativen Erwartungen seiner sozial definierten Geschlechtsrolle unterwirft, umso eher wird auch ein traditionell weibliches oder männliches Suizidverhalten favorisiert.

---

13 Es erscheint sinnvoll, den Begriff »glory« nicht nur im Sinne von Ruhm und Ehre zu verstehen, sondern auch infolge des gesellschaftshistorischen Wandels als Ausdruck des Strebens nach Individuation und Autonomie. (Ich verdanke diesen Hinweis Frau Prof. Dr. Margarete Berger).

Darüber hinaus kritisiert Canetto (1992), daß die Abhängigkeit von und das Scheitern in Liebesbeziehungen nicht auf deren denkbare dysfunktionale Struktur, sondern auf vermeintlich naturgegebene Persönlichkeitsmerkmale der Frau, wie Schwäche und Abhängigkeit, zurückgeführt wird, wodurch die Pathologisierung der Frau einerseits und die Perpetuierung des Stereotyps der weiblichen Schwäche andererseits fortgesetzt wird. Das männliche Suizidverhalten wird demgegenüber als rational begründet und als adäquate Reaktion auf ungünstige äußere Faktoren, wie Arbeitslosigkeit oder Verschuldung, interpretiert, wodurch das Stereotyp des heldenhaftes Mannes aufrechterhalten wird. Der sich aufdrängende Verdacht, nicht die Frau, sondern der Mann könnte sich aufgrund seiner hohen Suizidanfälligkeit als pathologischer erweisen, wird damit unversehens in sein Gegenteil verkehrt: Die typisch weibliche suizidale Persönlichkeit wird in der Regel als passiv, hysteriform und als neurotisch[14] beschrieben, die männliche Suizidhandlung erscheint demgegenüber als eine mutige und letztlich heroische Tat.

Kritische Sichtung der psychoanalytischen Erklärungsmodelle

Auch in den psychoanalytischen Theorien, so ergab die kritische Sichtung von Arbeiten seit 1910 bis 1992 (Gerisch 1998), wird dem weiblichen Suizidverhalten so gut wie keine Aufmerksamkeit eingeräumt. Es steht zu vermuten, daß das auf dem phallischen Monismus basierende Freudsche Theoriegebäude dessen eigene Sicht- und Verstehensweise des Weiblichen verdunkelt und verstellt hat.

In seiner Arbeit »Trauer und Melancholie« war Freud (1917e) bemüht, das bis dahin rudimentäre Verständnis der Psychodynamik des Selbstmords durch einen Vergleich des Affektes der Trauer mit dem psychischen Mechanismus der

14 Hier ein Beispiel: »Bei der Frau ist nicht selten das Fehlen oder Nichterkennen sachlicher Argumente bei der Auseinandersetzung mit dem Partner zu beobachten« (Bleischwitz 1971, zit. n. Kneissl 1984, S. 74).

Melancholie zu erweitern. Freud kam zu dem Schluß, daß der Selbstmord als ein gegen das Selbst gewendeter Mord an einem introjizierten Objekt zu verstehen sei. Eine Differenzierung des weiblichen und männlichen Selbstmordverhaltens findet sich in diesem Ansatz jedoch nicht. Darüber hinaus erweist es sich als schwierig, daß Freud in diesem Ansatz keine Unterscheidung zwischen Suizid und Suizidversuch vorgenommen hat. Gleichwohl erscheint es klinisch wie theoretisch sinnvoll davon auszugehen, daß sich der von Freud skizzierte intrapsychische Prozeß sowohl beim Suizidversuch als auch beim vollendeten Suizid auffinden läßt.

Eine geschlechtsspezifische Aussage, um die im Vergleich zu Männern hohe Selbstmordversuchsrate von Frauen zu erklären, wäre daher nur unter der Berücksichtigung von Freuds sehr viel später entwickelter Theorie zur Weiblichkeit (Freud 1924d, 1925j, 1931b, 1933a) hypothetisch möglich, die auch seine Thesen zur weiblichen Aggression miteinschließt. Dabei zeigt sich, daß Freud, indem er seine Theorie unter das Primat des phallischen Monismus stellte, wesentliche Aspekte des Weiblichen – und in diesem Kontext spezifische Bedeutungen der weiblichen Suizidalität – nicht erkennen konnte.

Zunächst hatte Freud das Schicksal der weiblichen Aggression nur wenig konkretisiert, wohl aber der sozialen Anpassungsleistung von Frauen eine gewisse Bedeutung eingeräumt (vgl. Freud 1931b). Freud führte einerseits aus, daß bei der Frau aufgrund der fehlenden Kastrationsdrohung die Über-Ich-Bildung ohnehin erschwert ist, andererseits aber durch die Angst, nicht geliebt zu werden, gefördert wird. Dies ist zugleich eine der Kernaussagen der Freudschen Weiblichkeitstheorie, die auf der Annahme des »phallischen Monismus« basiert.

In der Theorie des »phallischen Monismus« wird allgemein davon ausgegangen, daß das Mädchen anfangs glaube, männlich zu sein und sich erst mit Entdeckung des Geschlechtsunterschiedes als kastriert und damit minderwertig erlebe. Da es diesen Mangel der Mutter anlaste, wende es sich von dieser enttäuscht ab und dem Vater zu, in der Hoffnung, von ihm ein Kind zu bekommen. Das Kind vom Vater und später das vom Mann werde als Penisersatz phantasiert und zur Herstellung seines beschädigten Narzißmus gebraucht. Aus diesem Grunde stelle eigentlich auch nur die Geburt eines Knaben die aussichtsreichste Entschädigung für die anatomische Mangelausstattung dar.

Nach diesem Modell bestimmen Aggression und nicht Sexualität die Anfänge des weiblichen Triebschicksals (M. Mitscherlich 1985, S. 44). Während sich die Aggression des Mädchens zunächst in der enttäuschten Abwendung von der Mutter und im Penisneid manifestiert, basieren die weiteren Annahmen, wie die charakteristische Über-Ich-Schwäche, der weibliche Masochismus und der persistierende Neid der erwachsenen Frau, auf der gemeinsamen Voraussetzung der nach innen gewendeten Aggression. Diese Hypothesen erklärten zugleich die größere Objektabhängigkeit der Frau, die ihre anatomische Minderwertigkeit und ihr geringes Selbstwertgefühl zeit ihres Lebens nur durch die Zuwendung anderer kompensatorisch bewältigen könne.

Die zwei zentralen zum Suizid prädisponierenden Faktoren, die spezifische Aggressionsproblematik und der ausgeprägte Narzißmus, wären nach dieser Konzeption dann nicht pathologische Phänomene, sondern vielmehr ubiquitäre und unabänderliche Konsequenzen in der psychosexuellen Entwicklung des Mädchens.

Während also im Kontext der Freudschen Theoriebildung die zwei zentralen suizidprädisponierenden Faktoren, die Aggressions- und Narzißmusproblematik, als der weiblichen Entwicklung immanent dargestellt werden, so wird in der Narzimustheorie der Suizidalität (Henseler 1974) das Stereotyp der erhöhten narzißtischen Labilität von Frauen reproduziert. Der Autor geht davon aus, daß mit der Suizidhandlung nicht nur die Tötung des Objekts im Subjekt intendiert wird, sondern zugleich auch eine Objektrettung und Bewahrung des beschädigten Selbstwertgefühls im Sinne des Agierens der genetisch noch früheren Phantasie vom Rückzug in einen harmonischen Primärzustand.

Henselers Arbeit enthält auch die Frage, ob Frauen narzißtisch labiler sind, weil sie häufiger als Männer Suizidversuche unternehmen (Henseler 1984, S. 92). Diese Hypothese steht ganz im Einklang mit der auch im Alltagsbewußtsein tief verwurzelten Annahme, daß Frauen narzißtischer sind, was gleichbedeutend ist mit der Vorstellung, daß sie einerseits erhebliche Selbstwertzweifel haben und andererseits oder gerade deshalb in bezug auf ihren Körper und ihr Äußeres ständig um sich selbst zirkulieren.[15]

Schon Henselers Frage verrät, daß auch sein Ansatz nicht frei ist von traditionellen Geschlechtsrollenstereotypen. Bezeichnend ist seine Hypothese schon deshalb, weil nicht wenige Autoren davon ausgehen, daß die vollendete Suizidhandlung, nicht aber der Suizidversuch auf eine tiefgreifendere Persönlichkeitsstörung des Suizidanten schließen läßt (Wisdom 1967; Schmidke 1988). Um es noch einmal zu betonen: Der eigentümliche Widerspruch besteht darin, daß hier die Frau unversehens pathologisiert wird, obwohl, nicht zuletzt auch die empirischen Ergebnisse, einen umgekehrten Schluß nahelegen, nach dem, wenn überhaupt, dem Mann eine ausgeprägtere Pathologie attestiert werden müßte. Hier setzt sich eine altbekannte Gleichung »Frau = narzißtisch = pathologisch« ungebrochen fort, obwohl die Befunde von Henseler selbst eine ganz andere Schlußfolgerung implizieren. Es scheint hier eine unreflektierte Vorstellung durchzudringen, die sich dagegen sperrt, die narzißtische Problematik im Sinne der weiblichen Definition mit der männlichen Identität zusammenzubringen (Gerisch 1998a). Auch die Tatsache, daß Frauen den Hauptanteil in Henselers untersuchtem Suizidantenkollektiv ausgemacht haben, berechtigt nicht zu der Annahme, daß Frauen narzißtischer oder kränker sind. Im Gegenteil, die von Frauen häufigere Inanspruchnahme psychotherapeutisch-professioneller Hilfe gilt eher als eine prognostisch günstige Reflexions- und Introspektionsfähigkeit. Darüber hinaus ist bemerkenswert, daß in Henselers (1974) Modell der Narzißmustheorie der Suizidalität zwar Aspekte der psychosexuellen Identität stärker berücksichtigt werden, aber in den jeweiligen Konfliktkonfigurationen zugeordneten 50 Kasuistiken keine theoriegeleitete Geschlechterdifferenzierung erfolgt; und das, obwohl – wie dies in Studien üblicherweise der Fall ist – von den 50 explorierten Patienten allein 30 Frauen waren. Auch in der Patientengruppe, die narzißtische Konflikte in bezug auf ihre psychosexuelle Identität aufwiesen, erfaßte Henseler Män-

15 An anderer Stelle habe ich (Gerisch 1998a) dargelegt, daß den seit Freud bestehenden Narzißmuskonzeptionen eine für die Psychoanalyse zentral gesetzte Geschlechterdifferenz immanent ist.

ner und Frauen gleichermaßen. Damit subsumiert er etwas unter dem Terminus »Psychosexualität«, was unterschiedlicher gar nicht sein kann, nämlich die Herausbildung der männlichen und weiblichen Geschlechtsidentität. Auch hier scheint die häufig anzutreffende Annahme einer analog gedachten männlichen und weiblichen Entwicklung durchzudringen (Gerisch 1998a).

An dieser Stelle gilt es jedoch, den objektbeziehungstheoretischen Ansatz von Kind, dargelegt in seinem Buch »Suizidal« (1992), hervorzuheben, das gegenwärtig als eine klinisch wie theoretisch bedeutsame Ergänzung zu den bestehenden psychodynamischen Erklärungsmodellen der Suizidalität zu würdigen ist, auch wenn Suizidalität hier ebensowenig unter geschlechterdifferenten Aspekten betrachtet wird.

Zusammengefaßt jedoch zeigt sich, daß die historisch durchgehende Ausblendung geschlechterdifferenzierender psychodynamischer Hypothesen zur Suizidalität als eine Konsequenz der der Theorie des phallischen Monismus letztlich zugehörigen Strategie der Todesverdrängung innerhalb der Freudschen Theorie zu verstehen ist, in der nicht nur die Kastration, sondern auch der Ort des Todes der Frau zugewiesen wird.[16]

Schlußfolgerungen

Die kritische Reflexion der Erklärungsmodelle der Suizidalität zeigt, daß diese gegenwärtig noch immer von imaginativen Vorstellungen zur weiblichen Suizidalität bestimmt sind. Auch bei Lichte betrachtet bleibt die wie auch immer geartete »Wirklichkeit« der suizidalen Frau im Dunkeln. Das in der Antike – mit der Etablierung des Patriarchats – beginnende Polaritätsdenken erfuhr seine konstitutive Verankerung durch den radikalen gesellschaftshistorischen Wandel im 19. Jahrhundert, der, mit der Hervorbringung der Geschlechterdifferenz, auch die Suizidtheorien unübersehbar geprägt hat. Die

16 Auf eine differenzierte kritische Sichtung der Todestriebtheorien zur Suizidalität von Freud (z. B. 1924c) und Menninger (1938) wird an dieser Stelle verzichtet (vgl. dazu Gerisch 1998 und den Beitrag von Rohde-Dachser in diesem Band).

Sichtung der Erklärungsmodelle erforderte somit eine doppelte Interpretationsanstrengung, da sich in ihnen psychische Abwehrkonstellationen einerseits und kulturhistorische Prozesse andererseits verdichtet haben. Da die Suizidologie in der Tradition einer männlich geprägten Wissenschaftsgeschichte steht, kehren auch in ihr stereotype Weiblichkeitsentwürfe wieder, die den Blick auf das eigene und das andere in der weiblichen Suizidhandlung verstellen. Noch immer dominieren biologistische Hypothesen und das Konstrukt der vom Mann abgeleiteten Identität der Frau die herkömmlichen Konzeptionen. Das männliche Suizidverhalten ist stets normsetzend, von dem aus Ableitungen für die Suizidalität von Frauen getroffen werden. Die Tatsache, daß es der Mann ist, der weitaus häufiger als die Frau den Tod durch Suizid stirbt, wird mit Hilfe einer biologistischen Argumentation verdeckt und verleugnet. Die vielfältigen Projektionen, für die der weibliche Körper als Folie dient, sind notgedrungen von einer eigentümlichen Unlogik geprägt. Ihr von Natur aus anderer Körper wird einerseits als mangelhaft und besonders störanfällig definiert und – beim unbewußten Erkennen dieser Paradoxie – andererseits als immun, der Natur verhaftet, zugleich aber als weniger leistungs- und sublimierungsfähig erklärt. Die Natur und die damit analog gedachte Frau wird mal als schön und sinnlich und dann wiederum als von zerstörerischen und dämonischen Kräften beherrscht imaginiert. Die Frau ist und bleibt ein Opfer ihrer Natur, der Mann hingegen ist ein Leidender an der Welt. »She died for love and he for glory« verfestigte sich zu einem unumstößlichen Mythos, *so* als begehrten Frauen nicht auch Autonomie und Individuation und als suchten Männer nicht nach dem Glück der erfüllten Liebe. Wenn die Frau sich aber »männliche« Lebensräume zu erobern beginnt, dann wird von einer »Angleichung im Geschlechterverhalten« oder von einem »Vermännlichungsprozeß« gesprochen – Hypothesen, mit der die Frau erneut zum Verschwinden gebracht wird –, was immer auch heißt, daß sie einerseits dem Mann ähnlich wird und andererseits, daß sie genau mit diesem Begehren scheitern muß.

Mit der These von Rohde-Dachser (1991), nach der das Weibliche als Container abgewehrter Anteile des männlichen Selbst und des Todes fungiert, verstehe ich die Verankerung des Suizidalen in der biologischen Natur der Frau einerseits als Versuch des Mannes, das eigene Suizidale und die Angst vor der Sterblichkeit abzuwehren und andererseits als die fortwährende Anstrengung, die interaktionelle Bedeutung der weiblichen Suizidhandlung zurückzuweisen.

Dieses Abwehrkonglomerat induziert das Bild der typisch suizidalen Frau, das auch heute noch in den Konzeptionen zur Suizidalität allgegenwärtig ist: ihre von Natur aus schwächere Konstitution und die damit einhergehende Abhängigkeit von anderen begünstigt ein suizidales Verhalten, das nicht auf den Tod hin ausgerichtet ist, sondern das mit einem auf Rettung angelegten Arrangement letztlich nur zum Ziel hat, zu erpressen und zu manipulieren. Vor diesem Hintergrund kann das Phänomen der weiblichen Suizidalität auch im Rahmen eines dreifachen Abwehr- und Projektionsvorgangs verstanden werden, der sich vom Kulturellen – vom Mann zur Frau – zum Intrafamilialen – von Mutter zur Tochter – bis zur intrapsychischen Dimension der konkreten Suizidantin fortsetzt (Gerisch 1999). Laqueur (1992) zeigt nun, daß weder der biologische noch der soziokulturelle Geschlechtsunterschied durch einen Rekurs auf die Natur zu legitimieren ist, sondern daß Männlichkeit und Weiblichkeit in ihrer biologischen *und* sozialen Ausgestaltung immer schon eine diskursiv erzeugte soziale Kategorie sind. In diesem Sinne argumentieren auch Suter (1976), Kneissl (1984) Canetto (1992) und Rachor (1995), wenn sie betonen, daß weibliches Suizidverhalten nur vor dem Hintergrund der gegebenen gesellschaftlichen Verhältnisse interpretiert werden könne, in denen die Frau als das »schwache«, der Mann aber als das »starke« Geschlecht imponiert. Nur in diesem Kontext läßt sich auch gegenwärtig ein Suizidversuch als typisch weibliches, der vollendete Suizid als typisch männliches Verhaltensmuster interpretieren. Das heißt, in dem Maße wie der Suizid nicht in der weiblichen, ist der Suizidversuch nicht in der männlichen Geschlechtsrolle vorgesehen. Kneissl (1984) spricht von einer »sozialen Prädisposition« der Frau, die sich mit Suter (1976) dahingehend präzisieren ließe, daß der per se autodestruktiv getönte weibliche Sozialisationsprozeß das hervorbringt, was gemeinhin als klassisch suizidale Persönlichkeit rezipiert und durch folgende Faktoren definiert wird: geringes Selbstwertgefühl, instabiles

Identitätsgefühl, Selbsthaß, verunsicherte sexuelle Identität, gestörtes Körperbild, Aggressionshemmung, mangelnde soziale Kompetenz, Abhängigkeit von anderen und Sprachlosigkeit. Suter (1976) kommt zu dem Schluß, daß der Suizidversuch insofern als typisch weibliches Verhaltensmuster charakterisiert werden kann, als sich in ihm zwei erworbene frauenspezifische Merkmale verdichten würden: Hilflosigkeit und die Phantasie, von dem anderen gerettet zu werden. Und auch Kneissl (1984) resümiert, »daß der Suizidversuch eine Variante im Spektrum möglicher, als typisch weiblich geltender Verhaltensmuster darstellt: in ihm manifestiert sich die eigentümliche Körperbezogenheit der Frau, die Lahmlegung psychisch-vitaler Funktionen, die sprachlich reduzierte, ins Somatische verlagerte Ausdrucksform des Konfliktes etc. in ähnlicher Weise, wie die sozial erwünschte stille Duldsamkeit der Frau einerseits oder die sozial noch akzeptierte Krankenrolle andererseits« (S. 267).

Rachor (1995) hat in ihrer soziologisch-strukturanalytischen Argumentation das reziproke Zusammenspiel vom Einfluß der Geschlechtsrolle – die gegenwärtigen Ideal- und Wertvorstellungen von weiblich und männlich im Kontext einer Geschlechterhierarchie zuungunsten der Frauen —, der strukturellen Merkmale von Suizidversuch und Suizid und dem Wandel der Geschlechtsrolle im Hinblick auf die weibliche Suizidversuchshandlung herausgearbeitet. In einem ersten Schritt zeigt sie die dichte Korrespondenz der strukturellen Merkmale der weiblichen Geschlechtsrolle – definiert als schwach, abhängig, passiv, beziehungsbezogen etc. – einerseits und des Suizidversuchs – als spontan, inkongruent, ambivalent, unüberlegt, appellativ – andererseits auf. Demzufolge korrespondiere die Semantik der Geschlechter mit der strukturellen, geschlechterstereotypen Konzeptualisierung von Suizid und Suizidversuch. Verkürzt formuliert braucht der Suizid so wie der als autonom, stark und unabhängig gedachte Mann nicht die Hilfe des anderen, während die Frau mit dem als appellativ und beziehungsorientiert eingesetzten Suizidversuch das Stereotyp weiblicher Bindungsorientiertheit reproduziert. Ferner repräsentiere sich im Suizidversuch mit seiner charakteristischen Ambivalenz von nicht mehr leben, aber auch nicht sterben wollen genau das Dilemma der Frau, die zwar leben, aber *so* nicht mehr leben wolle. Versteht man also die im Suizidversuch zentral kommunizierte Botschaft als ein *so nicht mehr* leben wollen, dann rekurriert die Frau mit dem Suizidversuch auf ein stereotypes weibliches Verhaltensmuster, das es ihr, als nicht Gehörte und nicht Gesehene, ermöglicht, unter der Ägide des Appells eine typisch weibliche Variante von Macht, etwa durch Erpressung, auszuüben.

In einem zweiten Schritt zeigt Rachor (1995), daß sich diese dichte Korrespondenz unter dem Einfluß des Wandels der Geschlechtsrolle noch einmal potenziert, da die emanzipatorischen Errungenschaften nicht allein zu einer qualitativ besseren Lebenssituation der Frau beigetragen haben, sondern diese häufig mit der Übernahme einer Doppelrolle einschließlich inkongruenter Rollenerwartungen und insbesondere mit einer gravierenden Identitätsunsicherheit verbunden ist. Die Zerrissenheit zwischen dem als unerträglich empfundenen traditionellen Lebensentwurf einerseits und der Angst, an dem Neuen zu scheitern andererseits, prädisponiert zu dem Verhaltensmuster, das diese Widersprüchlichkeit in sich vereint: dem Suizidversuch. Die nachfolgenden strukturellen Merkmale, die von einer fundamentalen Ambivalenz durchzogen sind, seien nach Rachor (1995) paradigmatisch für den sich wandelnden Status der Frau und dem Suizidversuch als weiblichem Verhaltensmuster, mit dem die Frau aus der Beziehung aussteigt und doch beziehungsbezogen bleibt: Egoismus/Altruismus, Gehen und Bleiben, Unterwerfen und Kontrollieren, Bezogenheit und Selbstbehauptung, Regression und Progression.

Rachor (1995) kommt zu dem Schluß, daß sich in der gegenwärtigen Rolle der Frau und im Suizidversuch als einem Symptom einer geschlechterhierarchisch organisierten Gesellschaftsstruktur dieselben strukturellen, polarisierenden Momente zwischen dem Nicht-Mehr und dem Noch-Nicht repräsentieren. Die aktuelle Identitätsunsicherheit der Frau wird aber nicht nur in der Struktur des Suizidversuchs manifest, sondern wird durch diesen zugleich zu lösen versucht.

Suter (1976), Kneissl (1984) und Rachor (1995) haben mit ihrer Argumentation zwar an die zentrale Perspektive des traditionellen Geschlechterarrangements herangeführt, aber mit einer gesellschaftskritischen Analyse bleibt nicht nur die Dimension des Unbewußten unberücksichtigt, sondern auch die

Frage offen, »wie das Zusammenspiel von gesellschaftlicher und psychischer Realität in die Tiefendimension des Unbewußten und seiner imaginären Szenarien und Phantasmen hinabreicht« (Konnertz 1987, S. 9).

Gleichwohl wurde in der vorangegangenen kritischen Sichtung deutlich, daß auch in den psychodynamischen Erklärungsmodellen die weibliche Suizidaliät keiner eigenständigen Betrachtung unterzogen wurde. In der klassischen Suizidtheorie Freuds verschwindet die weibliche Suizidalität, indem das, bei der Frau nur schwache, beim Mann hingegen strenge, väterliche Über-Ich ins Zentrum der Pathologie und der suizidalen Psychodynamik gerückt wird. Dasselbe gilt für die Todestriebtheorie, in der das unsichtbare Weibliche selbst zum Ort des Todes wird. In der Narzißmustheorie wird das Klischee der selbstwertgestörten Frau reproduziert, obwohl die hohe Suizidrate des Mannes eine entgegengesetzte Schlußfolgerung nahelegt. Das objektbeziehungstheoretische Modell stellt zwar eine theoretisch wie klinisch sinnvolle Ergänzung zu bestehenden Erklärungsversuchen dar, aber auch hier wird auf eine geschlechterdifferente Sicht verzichtet. Würde man sich auf diese Betrachtungsweisen beschränken, dann wäre zu folgern, daß es die suizidale Frau entweder nicht gibt, oder aber Suizidalität eine immanente Folge der weiblichen Entwicklung ist. Denn implizit sind folgende Vorstellungen zum weiblichen Suizidverhalten in den Erklärungsversuchen enthalten: Die Frau muß ihre Aggressionen gegen sich selbst wenden, weil sie aufgrund ihrer von Natur aus mangelhaften Ausstattung auf die unverzichtbare Zuwendung anderer angewiesen ist. Die Frau wird suizidal, weil ihr der Tod und der todestriebhafte Sog von Anbeginn eingeschrieben sind, weil sie sich mit ihrer passiv-weiblichen Rolle nicht abfinden will, oder weil sie ein labileres narzißtisches Gleichgewicht hat. Zusammengefaßt gilt noch einmal hervorzuheben, daß der phallische Monismus nicht nur das Weibliche verdeckt und verleugnet, sondern daß die davon abgeleiteten Weiblichkeitsentwürfe zur normalen oder pathologischen Entwicklung keine erklärende Kraft besitzen, weil sie eine Reproduktion von analytischen Mythen über die Differenz der Geschlechter sind (Rohde-Dachser 1991). Die Erklärung für das Suizidale in der (anderen) Natur der Frau zu suchen, hieße nichts anderes, als phantasmatische Ausgestaltungen über das Wesen der Frau vorzufinden und im Gewande einer Theoriebildung als Wirklichkeitskonstruktion fortgesetzt zu bestätigen.

Aus dieser Perspektive betrachtet, läßt sich folglich auch in den Erklärungsmodellen zur Suizidalität mit dem Auslassen des Weiblichen einerseits und den Projektionen auf das Weibliche andererseits eine männliche Abwehrbewegung aufspüren. Es wäre denkbar, daß die Suizidhandlung – »das Spiel mit dem Tod« – deshalb als etwas so Bedrohliches erscheint, weil sie die Geschlechterdifferenz zu verwischen scheint: an die Stelle der Frage von Mann oder Frau rückt die von Leben und Tod. Denn die der Suizidhandlung immanenten Momente, wie die hohe narzißtische Kränkbarkeit, die Verzweiflung, die Enttäuschung, die Trennungs- und Verlustangst, das Nicht-fertig-Werden mit Trennung und Trauer, betreffen letztlich beide Geschlechter gleichermaßen. Angesichts dieser Bedrohungen aber werden die universellen Aspekte der Suizidhandlung erneut in eine Männlich-weiblich-Dichotomie aufgespalten. Die den Mann so bedrohende, schwache und verletzliche Seite wird der Frau zugeschrieben und mit ihr im Zusammenhang diskutiert. Während in den psychodynamischen Erklärungsmodellen die mangelnde Differenzierung von Suizid und Suizidversuch zusätzlich eine geschlechtsspezifische Betrachtungsweise erschwert hat, so verfestigt sich insbesondere in den medizinisch-psychiatrischen Erklärungsmodellen das starre Muster des schwachen, appellativen weiblichen Suizidversuchs auf der einen und des heldenhaften, mutigen männlichen Suizids auf der anderen Seite. Der Bilanzsuizid als rationalisierte Rechtfertigung der Beendigung des Lebens erscheint so ausschließlich als ein männliches, nicht aber als ein weibliches Phänomen. Der Mythos vom heroischen männlichen Suizidanten verhindert es letztlich, die gleichen Fragen nach Schwäche, narzißtischer Kränkbarkeit und Verletzlichkeit zu stellen.

Als vorläufiges Ergebnis dieser kritischen Sichtung wird die These vertreten, daß ein differenziertes Verständnis der Suizidalität nur dann möglich erscheint, wenn die traditionellen Erklärungsversuche einschließlich ihrer männlichen Weiblichkeitsimaginationen kritisch hinterfragt werden und eine hinreichende Unterscheidung zwischen männlichen und weiblichen Entstehungsbedingungen der Suizidalität vorgenommen wird. Es ist letztlich die Psychoanalyse selbst, die als erkenntnistheoretisches Instrumentarium den Schlüssel zum Verständnis liefern kann. Denn betrachtet man die psychodynamischen Erklärungsmodelle zur Suizidalität etwas genauer, so wird relativ übereinstimmend die These vertreten, daß sich spezifische frühkindliche Entwicklungserfahrungen suizidprädisponierend auswirken können. Wenn man also davon ausgeht, daß Störungen in den frühen Entwicklungsphasen – insbesondere in der Primärbeziehung zur Mutter – eine prägende Rolle in der Genese der Suizidalität spielen, darf vermutet werden, daß die Psychodynamik der Suizidalität von Frauen, gemäß der unterschiedlichen Entwicklung männlicher und weiblicher Geschlechtsidentität – einschließlich der frühen identifikatorischen und triangulären Prozesse —, eine andere Form und Gestaltung aufweist. Geht man von einem reziproken Verlauf der narzißtischen und psychosexuellen Entwicklung aus, so erscheint es aufgrund der geschlechtsspezifischen Unterschiede im Suizidverhalten sinnvoll und notwendig, den Zusammenhang zwischen der narzißtischen und objektgerichteten Entwicklung einerseits und der Herausbildung der Geschlechtsidentität andererseits zu präzisieren.

Denn es ist bemerkenswert, daß es in den herkömmlichen Erklärungsmodellen keine hinreichenden Konzeptionen für den reziproken Zusammenhang der Genese der Geschlechtsidentität und der Entstehung von suizidalem Verhalten und Erleben gibt. Nach meiner Auffassung aber kann ein differenzierter Zugang zur weiblichen Suizidalität nur unter Berücksichtigung der Konstituierung von weiblicher Identität und Subjektivität gelingen (Gerisch 1999).

Literatur

Adorno, T. W.; Horkheimer, M. (1947): Dialektik der Aufklärung. Frankfurt a. M., 1984.

Akashe-Böhme, F. (1992): Frau/Spiegel – Frau und Spiegel. In: Akashe-Böhme, F. (Hg.), Reflexionen vor dem Spiegel. Gender Studies. Frankfurt a. M., S. 9-11.

Aries, Ph. (1982): Geschichte des Todes. München.

Barno, A. (1967): Criminal abortion death, illigitimate pregnancy deaths and suicides in pregnancy. American Journal of Obstetrics and Gynecology 98: 356-357.

Baumann, H. (1986): Das doppelte Geschlecht – Ethnologische Studien zur Bisexualität in Ritus und Mythos. Berlin.

Beauvoir, S. (1951): Das andere Geschlecht. Sitte und Sexus der Frau. Reinbek, 1992.

Berger, M. (1987): Das verstörte Kind mit seiner Puppe – Zur Schwangerschaft in der frühen Adoleszenz. Prax Kinderpsychol Kinderpsychiatr 36: 107-117.

Berger, M. (1988): Die Mutter unter der Maske. Zur Entwicklungsproblematik von Kindern adoleszenter Eltern. Prax. Kinderpsychol Kinderpsychiatr 37: 333-345.

Berger, M. (1989): Klinische Erfahrungen mit späten Müttern und ihrem Wunschkind. Prax Kinderpsychol Kinderpsychiatr 38: 16-24.

Berger, M. (1989a): Zur Bedeutung des »Anna-selbdritt«-Motivs für die Beziehung der Frau zum eigenen Körper und zu ihrem Kind. In: Hirsch, M. (Hg.), Der eigene Körper als Objekt. Berlin, S. 241-277.

Berger, R.; Stephan, I. (Hg.) (1987): Weiblichkeit und Tod in der Literatur. Wien.

Berkowitz, L. (1962): Aggression: A social psychological analysis. New York.

Bovenschen, S. (1979): Die imaginierte Weiblichkeit. Exemplarische Untersuchungen zu kulturgeschichtlichen und literarischen Präsentationsformen des Weiblichen. Frankfurt a. M.

Braun, C. von (1985): Nicht Ich. Logik, Lüge, Libido. Frankfurt a. M.

Braun, C. von (1989): Die schamlose Schönheit des Vergangenen. Zum Verhältnis von Geschlecht und Geschichte. Frankfurt a. M.

Braun, C. von (1992): Das Kloster im Kopf. Weibliches Fasten von mittelalterlicher Askese zu moderner Anorexie. In: Flaake, K.; King, V. (Hg.), Weibliche Adoleszenz. Zur Sozialisation junger Frauen. Frankfurt a. M., S. 213-239.

Bronfen, E. (1987): Die schöne Leiche. Weiblicher Tod als motivi-

sche Konstante von der Mitte des 18. Jahrhunderts bis in die Moderne. In: Berger, R.; Stephan, I. (Hg.): Weiblichkeit und Tod in der Literatur. Köln, S. 87-115.
Bronfen, E. (1992): Die schöne Leiche. Weibliche Todesbilder in der Moderne. München.
Bronfen, E. (1994): Nur über ihre Leiche. Tod, Weiblichkeit und Ästhetik. München.
Canetto, S. (1992): She died for love and he for glory: gender myths of suicidal behavior. Omega 26: 1-17.
Canetto, S. (1994): Gender Issues In The Treatment Of Suicidal Individuals. Death Studies 18: 513-527.
Diggory, J. C.; Rothman, D. Z. (1961): Values destroyed by death. Journal of Abnormal and Social Psychology 63: 205-210.
Dührssen, A. (1967): Zum Problem des Selbstmordes bei jungen Mädchen. Göttingen.
Durkheim, E. (1897): Der Selbstmord. Frankfurt a. M., 1987.
Fiedler, G. (1998): Die Therapiestudie des Therapiezentrums für Suizidgefährdete. Konzepte, Ziele, Probleme, (in Vorbereitung).
Foucault, M. (1976): Sexualität und Wahrheit. Frankfurt a. M.
Freud, S. (1896c): Zur Ätiologie der Hysterie. G. W. Bd. I, S. 423-459. Frankfurt a. M.
Freud, S. (1917e): Trauer und Melancholie. G. W. Bd X, S. 427-446. Frankfurt a. M.
Freud, S. (1920a): Über die Psychogenese eines Falles von weiblicher Homosexualität. G. W. Bd. XII, S. 269-302. Frankfurt a. M.
Freud, S. (1924c): Das ökonomische Problem des Masochismus. G. W. Bd. XIII, S. 369-383. Frankfurt a. M.
Freud, S. (1924d): Der Untergang des Ödipuskomplexes. G. W. Bd. XIII, S. 393-402. Frankfurt a. M.
Freud, S. (1925j): Einige psychische Folgen des anatomischen Geschlechtsunterschieds. G. W. Bd. XIV, S. 17-30. Frankfurt a. M.
Freud, S. (1931b): Über die weibliche Sexualität. G. W. Bd. XIV, S. 515-537. Frankfurt a. M.
Freud, S. (1933a): Neue Folge der Vorlesungen zur Einführung in die Psychoanalyse. G. W. Bd. XV. Frankfurt a. M.
Gaupp, R. (1905): Über den Selbstmord. München.
Gerisch, B. (1987): Freuds Aufgabe der »Verführungstheorie«: Eine quellenkritische Sichtung zweier Rezeptionsversuche. Veröff. Dipl.Arbeit, Universität Hamburg.
Gerisch, B. (1996): Suicidality among women: From epidemiology to psychodynamics. Archives of Suicide Research 2: 197-206.
Gerisch, B. (1997): »Wenn man sich selbst umbringt, ist es eine

Frau...« – Epidemiologische und psychodynamische Aspekte zum weiblichen Suizidverhalten. In: Giernalczyk, Th. (Hg.), Suizidgefahr – Verständnis und Hilfe. Forum für Verhaltenstherapie und psychosoziale Praxis, Bd. 33. Tübingen, S. 37-44.
Gerisch, B. (1998): Suizidalität bei Frauen. Mythos und Realität – Eine kritische Analyse. Tübingen.
Gerisch, B. (1998a): »Eins in Zwei zu sein, Eins im Andern sich zu finden.« Kritische Anmerkungen zum weiblichen Narzißmus. In: Giernalczyk, T. (Hg.), Zur Therapie der Persönlichkeitsstörungen. Tübingen, S. 61-83.
Gerisch, B. (1999): Zum psychoanalytischen Verständnis der Suizidalität bei Frauen unter besonderer Berücksichtigung der Konstituierung weiblicher Identitätsentwicklung. Kasuistische Ergebnisse anhand von 20 psychoanalytisch-orientierten Kurztherapieverläufen (Habilitationsschrift, Hamburg).
Gerisch, B.; Köhler, Th. (1993): Freuds Aufgabe der »Verführungstheorie«: Eine quellenkritische Sichtung zweier Rezeptionsversuche. Psychologie und Geschichte 4: 229-246.
Hardach-Pinke, I. (1982): Schwangerschaft und Identität. In: Kamper, D.; Wulf, C. (Hg.), Die Wiederkehr des Körpers. Frankfurt a. M., S. 193-208.
Hausen, K.; Nowotny, H. (Hg.) (1986): Wie männlich ist die Wissenschaft? Frankfurt a. M.
Heinrich, M. (1990): Halia – Der erste Suizid in der griechischen Mythologie. Suizidprophylaxe 17: 169-182.
Henseler, H. (1974): Narzißtische Krisen. Zur Psychodynamik des Selbstmords. Opladen, 1984.
Henseler, H. (1981): Krisenintervention – Vom bewußten zum unbewußten Konflikt des Suizidanten. In: Henseler, H.; Reimer, Ch. (Hg.): Selbstmordgefährdung. Zur Psychodynamik und Psychotherapie. Stuttgart, S. 136-156.
Hillmann, J. (1965): Suicide and Soul. Dallas, 1993.
Hirzel, R. (1908): Der Selbstmord. Darmstadt, 1966.
Hoof, A. J. L. van (1988): Zelfdoding in de antieke wereld. Van autothanasia tot suicide. Niederlande.
Kerényi, K. (1960): Die Mythologie der Griechen. Bd. II: Die Heroen-Geschichten. München, 1992.
Kind, J. (1992): Suizidal. Psychoökonomie einer Suche. Göttingen.
Kneissl, M. (1984): Suizidversuche bei Frauen. Dissertation am Fachbereich Erziehungswissenschaften der Univ. Darmstadt.
Konnertz, U. (1983): Einführung. In: Konnertz, U. (Hg.), Die übertragene Mutter. Psychoanalytische Beiträge. Tübingen 1987, S. 7-10.

Krebs, W. (1982): Zukunftserleben und Selbsttötung. Frankfurt a. M.
Kuhn, T. S. (1962): Die Struktur wissenschaftlicher Revolutionen. Frankfurt a. M., 1976.
Lamott, F. (1992): Virginität als Fetisch. Kulturelle Codierung und rechtliche Normierung der Jungfräulichkeit um die Jahrhundertwende. Tel Aviver Jahrbuch für Deutsche Geschichte, S. 153-170.
Laufer, M. (Hg.) (1995): The Suicidal Adolescent. London.
Laufer, M.; Laufer, E. (1984). Adolescence and developmental break down. A psychoanalytic view. New Haven.
Laqueur, T. (1990): Auf den Leib geschrieben: die Inszenierung der Geschlechter von der Antike bis Freud. Frankfurt a. M., 1992.
Lester, D. (1969): Resentment and dependancy in the suicidal individual. Journal of Genetic Psychology 81: 137-145.
Linden, K. J. (1969): Der Suizidversuch. Versuch einer Situationsanalyse. Stuttgart.
Lindner-Braun, Ch. (1990): Soziologie des Selbstmords. Opladen.
Menninger, K. (1938): Selbstzerstörung. Psychoanalyse des Selbstmords. Frankfurt a. M., 1978.
Minois, G. (1996): Geschichte des Selbstmords. Düsseldorf.
Mitscherlich, M. (1985): Die friedfertige Frau. Frankfurt a. M.
Nadig, M. (1990): Die gespaltene Frau – Mutterschaft und öffentliche Kultur. Psyche 44: 53-70.
Neumer-Pfau, W. (1987): Töten, Trauern, Sterben. Weiblichkeitsbilder in der antiken griechischen Kultur. In: Berger, R.; Stephan, I. (Hg.): Weiblichkeit und Tod in der Literatur. Köln, S. 11-34.
Neuringer, C. (1982): Suicidal behavior in women. Crisis 3: 41-49.
Olbricht, I. (1990): Frauen sind häufiger psychosomatisch krank – warum eigentlich? Prax. Psychother. Psychosom. 35: 111-120.
Plath, S. (1965): Ariel. Frankfurt a. M., 1990.
Poe, E. A. (1846): The Philosophy of Composition. Essays and Reviews. Literary Classics of the United States, 1984.
Rachor, Ch. (1995): Selbstmordversuche von Frauen. Ursachen und soziale Bedeutung. Frankfurt a. M.
Ranke-Graves, R. von (1955): Griechische Mythologie. Quellen und Deutung. Reinbek, 1993.
Ringel, E. (1953): Der Selbstmord. Abschluß einer krankhaften Entwicklung. Eschborn, 1988.
Rohde-Dachser, C. (1991): Expedition in den dunklen Kontinent. Weiblichkeit im Diskurs der Psychoanalyse. Berlin.
Schmidke, A. (1988): Verhaltenstheoretisches Erklärungsmodell suizidalen Verhaltens. Regensburg.

Schmidt, G. (1938): Erfahrungen an 700 Selbstmordversuchen. Nervenarzt 11: 353-358.
Schneider, P. B. (1954): La tentative de suicide. Paris.
Schuller, M. (1982): »Weibliche Neurose« und Identität. Zur Diskussion der Hysterie um die Jahrhundertwende. In: Kamper, D.; Wulf, Ch. (Hg.), Die Wiederkehr des Körpers. Frankfurt a. M., S. 180-192.
Schuller, M. (1990): Im Unterschied. Lesen/Korrespondieren/Adressieren. Frankfurt a. M.
Sexton, A. (1993): Zwischen Therapie und Tod. Das Leben der Dichterin Anne Sexton. Herausgegeben von Middlebrook, D. W. Zürich.
Sies, C.; Nestler, V. (1992): Soll und Haben. Die Wechseljährige zwischen Illusion und Wirklichkeit. Psyche 46: 366-387.
Signori, G. (Hg.) (1994): Trauer, Verzweiflung und Anfechtung: Selbstmord und Selbstmordversuche in mittelalterlichen und frühneuzeitlichen Gesellschaften. Tübingen.
Singer, U. (1980): Massenselbstmord. Stuttgart.
Suter, B. (1976): Suicide and women. In: Wolmann, B.; Krauss, H. (Hg.), Between Survival and Suicide. New York, S. 129-161.
Vovelle, M. (1973): Piété baroque et déchristianisation en Provence au XVIIIe siècle. Les attitudes devant la mort d'après les testaments. Paris.
Weigel, S.; Stephan, I. (1983): Die verborgene Frau. Literatur im historischen Prozess. Berlin.
Weigel, S. (1989): Die Stimme der Medusa. Schreibweisen in der Gegenwartsliteratur von Frauen. Reinbek.
Weininger, O. (1905): Geschlecht und Charakter. München, 1980.
Wiese, A. (1993): Mütter, die töten. Psychoanalytische Erkenntnis und forensische Wahrheit. München.
Wisdom, J. O. (1967): Die psychoanalytischen Theorien über die Melancholie. Jahrbuch der Psychoanalyse 4: 102-154.
Zilboorg, G. (1944): Männlich und weiblich. Biologische und kulturelle Aspekte. In: Hagemann-White, C. (Hg.), Frauenbewegung und Psychoanalyse. Basel, 1978, S. 183.276.

Jürgen Kind

Zur Bedeutung präödipaler Störungsanteile für das Verständnis und den Umgang mit suizidalen Krisen

Vorbemerkung

Suizidalität wird oft als Zeichen einer psychischen Dekompensation verstanden, in der sich als Endzustand einer intrapsychischen Auseinandersetzung alle seelischen Kräfte gegen das Selbst vereinigen, um seine Existenz zu beenden. Eine ähnliche Sicht, jetzt nicht auf das Selbst als Zielobjekt der Destruktivität, sondern auf das Objekt bezogen, liegt dann vor, wenn man davon ausgeht, daß die destruktive Tendenz im Suizid sich primär gegen ein Objekt richtet. Das wäre die Freudsche Suizidtheorie (1916), die von Götze (1992) in der prägnanten Formulierung zusammengefaßt wurde:»Der Suizid ist der psychische Mord einer Objektrepräsentanz im Subjekt durch Selbsttötung« (S.171).

Ich vertrete einen Ansatz, der Suizidalität nicht als Dekompensation, sondern als ein psychisches Regulationssystem auffaßt, das in einer kritischen intrapsychischen oder interpersonellen Situation aufgerufen wird, um eine Verschärfung der Krise zu verhindern. Unter diesem Blickwinkel wäre Suizidalität dann nicht nur Botschafter einer Krise, sondern hätte auch Funktionen bei der Eindämmung derselben zu erfüllen; ein konstruktiver Aspekt eines destruktiven Verhaltens also (Kind 1992).

Der Grundsatz, daß Patienten einer auf ihre jeweilige Angsttoleranz abgestimmte Therapeuteneinstellung bedürfen, gilt insbesondere auch für den Umgang mit suizidalen Krisen. Um die Angsttoleranz einzuschätzen ist es notwendig, die Art der

Angst zu kennen, die toleriert werden soll, und diese wiederum ist abhängig von den dominanten Fixierungen in dem breiten Spektrum der präödipalen Störungsmöglichkeiten. Damit variiert aber auch die Dynamik der Suizidalität. Im Grunde ist die Dynamik der Suizidalität mittelbare Folge des Entwicklungszustands und Reifegrads der Objektbeziehungen des Patienten und bildet interpersonell seine innere Objektwelt ab. Patienten, die noch stärker an sehr frühe und globale, wenig differenzierte Objekte gebunden sind, werden zum sogenannten Verschmelzungstyp von Suizidalität neigen (Henseler 1984). Ist die Entwicklung der Objektbeziehungen weiter vorangekommen und hat sie das präpsychotische Niveau überwunden wird sich auch eine andere Dynamik von Suizidalität ergeben. Es steht dann nicht mehr das Ziel im Vordergrund, die Grenze zu einem apersonalen Objekt aufzulösen, sondern beispielsweise der Versuch, ein Objekt an sich zu binden und zu kontrollieren, aus der Angst, es zu verlieren, oder das Bestreben, von einem Objekt wahrgenommen, erkannt und für lebenswert gehalten zu werden, aus der Unsicherheit, ob man auf dieser Welt auch erwünscht ist. Um Patienten mit dieser Problematik wird es im wesentlichen in diesem Beitrag gehen.

Wir kamen in der Klinik Tiefenbrunn mehr und mehr dazu, die im Umgang mit suizidalen Patienten typischen Gegenübertragungsgefühle und Affekte von Angst, Ohnmacht, Auslieferung, Wut, Haß, Schuldgefühle als Symptom einer gestörten Beziehung zu verstehen, die untersucht und verstanden werden wollte. Was die Verlaufsgestalt einer Behandlung während einer stationären Psychotherapie anging bemerkten wir im Behandlungsteam, daß sich die Beziehung zum Patienten nach einigen Tagen oder Wochen in bestimmter Hinsicht umkehrte. Bei seiner Aufnahme war der Patient als jemand in die Klinik gekommen, der sich hilflos und ohnmächtig fühlte und jemanden benötigte, mit dem er seine ausweglose Situation besprechen konnte. Nach einiger Zeit aber waren wir es, die Therapeuten, Schwestern und Pfleger, die sich mehr und mehr hilflos, ohnmächtig und den Suiziddrohungen des Patienten ausgeliefert fühlten. Da sich solche Entwicklungen mit Regelmäßigkeit wiederholten, kamen wir dazu, in diesem Umkehrprozeß etwas für die Entwicklung der Therapeut-Patient-Beziehung Typisches zu sehen.

Weiterhin typisch ist das Involviertwerden. Suizidale Patienten scheinen sich dagegen zu sträuben, sich ihre Suizidalität »nehmen« zu lassen. Sie benötigen sie und lassen sie auch nicht so ohne weiteres in einen Suizidpakt einkapseln. Wer mit suizidalen Patienten arbeitet, merkt sehr bald, daß er sein gewohntes Rollenverständnis – dort ein gefährdeter, hilfsbedürftiger Patient, hier ein bereitwillig helfender Therapeut, dort die Mobilisierung destruktiver, hier die konstruktiver Kräfte – nicht mehr so ohne weiteres aufrechterhalten kann. Das Stichwort »Gegenübertragungshaß« zeigt, daß man mit dem Konzept der Lokalisation von Destruktivität im Patienten – und nur dort – nicht auskommt. Wir sehen uns im Umgang mit suizidalen Patienten vielmehr oft einer Tendenz ausgesetzt, die uns aus der üblichen Rolle des objektiv Helfenden heraus in die des subjektiv Teilnehmenden hineinzudrängen trachtet, wobei auch in uns Destruktivität mobilisiert wird.

Entwicklungspsychologische Aspekte

Unter der Perspektive, daß bei der Entwicklung suizidaler Krisen die Reinszenierung pathologischer Objektbeziehungen eine entscheidende Rolle spielt, soll ein orientierender Blick mit entwicklungspsychologischem Focus auf Objektbeziehungen geworfen werden. Stark vereinfacht geht es um zwei Entwicklungsstufen. Als ein erster Schritt, den ich hier nur am Rande erwähnen will, muß die Loslösung aus der symbiotisch-dyadischen Beziehungsform bewältigt werden, die Subjekt-Objekt-Trennung. Bei unseren Patienten stoßen wir auf diesem Niveau im Grunde immer wieder auf das gleiche polare Angstpaar: die Angst, bei einer zu großen Entfernung vom Objekt nicht mehr zu ihm zurückkehren zu können, und die Angst bei einer zu großen Nähe die Grenze zu ihm nicht mehr ausreichend zu spüren und mit ihm zu verschmelzen.

Gehen wir auf dem entwicklungspsychologischen Weg ein Stück weiter, kommen wir im mittleren Borderline-Niveau in einen Bereich, in dem ein anderes Problem bewältigt werden muß. Es geht dann nicht mehr um die Frage, wie sich das Subjekt vom Objekt getrennt fühlen kann, sondern wie das Objekt beschaffen ist. In der Regel macht man sowohl negative als auch positive Erfahrungen mit anderen Menschen und findet nichts dabei, daß beides zusammen gehört. In diesem mittleren Borderline-Niveau aber kann immer nur das eine oder das andere stimmen. Beide Erfahrungskategorien werden voneinander getrennt gehalten. Der Schritt vom Entweder-Oder zum Sowohl-Als-auch, von der Ambitendenz zur Ambivalenz, ist mühsam. In der Sicht Kernbergs (1978) ist es der Schritt von den Spaltungsvorgängen zur Integration positiver und negativer Selbst- und Objektrepräsentanzen.

Auch auf dem Niveau des Entweder-Oder gibt es zwei typische Ängste: die Angst, vom Objekt verlassen zu werden, weil man selbst schlecht und enttäuschend ist, und die Angst, daß sich das Objekt schlecht und enttäuschend verhält, sodaß einem selbst nichts übrig bleibt, als seinerseits das Objekt zu verlassen. Bei der ersten Form liegt alle Schlechtigkeit im Subjekt. In der Therapie haben Patienten in dieser Phase der Behandlung oft die Überzeugung, daß der Therapeut nur deswegen Urlaub macht oder zu einer Tagung fährt, weil sie zu anstrengend oder zu langweilig seien.

Liegt hingegen alle Schlechtigkeit im Objekt, wird ebenfalls Trennung nötig. Diesmal trennt sich das Subjekt vom Objekt, weil es nicht wert ist, daß man noch bei ihm bleibt. Man sucht sich ein anderes; in Wirklichkeit ein gleiches, aber neu idealisierbares. Auf diesem Strukturniveau hat das Subjekt aufgrund einer stärkeren Dominanz der Spaltungsmechanismen noch kein realistisches Bild von sich und vom äußeren Objekt und daher auch noch keine zuverlässige Objektkonstanz. Diese Tatsache hat unmittelbare Folgen für unseren therapeutischen Umgang.

Die Handhabung des Anonymitätsprinzips

In der stationären Psychotherapie fiel mir auf, wie schwer es war, mich Patienten mit weniger ausgereiften intrapsychischen Strukturen in den therapeutischen Begegnungen (Visiten, Einzelgesprächen, Gruppentherapie) gegenüber so zu verhalten, wie sie es vertrugen. Meinen Kolleginnen und Kollegen ging es ähnlich. Von unserer psychoanalytischen Ausbildung her, orientiert an Patienten mit überwiegend neurotischen Störungen, waren wir ein anonymes Verhalten gewohnt und meinten, dadurch besser die intrapsychischen Konflikte des Patienten in die Beziehung zu bekommen. In Wahrheit verstärkten wir dadurch aber die ohnehin bei dieser Patientengruppe leicht aktivierbaren Objektverlustängste. Ein solches Therapeutenverhalten kann Angst im Patienten hervorrufen und dazu führen, daß er etwas unternehmen muß, um das Objekt sozusagen wieder zum Vorschein zu bringen. Verhält sich der Therapeut in expliziter Weise anonym, ist er für den Patienten sozusagen nicht da. Er ist anwesend, er spricht mit ihm, er bewegt sich und man hört ihn. Aber, und das ist wahrscheinlich das eigentlich Entscheidende, man spürt ihn als Patient nicht. Das heißt, der Patient hat nicht das Gefühl, vom Therapeuten wirklich gemeint zu sein. Der Therapeut spricht mehr oder weniger an ihm vorbei.

Eine Situation, die dadurch charakterisiert ist, daß ein physisch anwesendes Objekt psychisch als abwesend erlebt wird, obwohl es so scheint als wäre es anwesend, gehört wohl zu den für diese Patienten am schwersten auszuhaltenden überhaupt; schwerer als wenn das Objekt überhaupt nicht anwesend wäre. Wenn nun der Therapeut in einer Überschätzung des Reifegrads der Objektbeziehungen oder in einer Unterschätzung des Regressionsniveaus die Versuche des Patienten, Kontakt zu ihm zu bekommen, als Widerstand auffaßt, geht er an ihm vorbei. Der Patient wird entsprechende Interventionen unter Umständen als Unterstellung einer mangelhaften Kooperationsbereitschaft erleben, wird Schuld bei sich ausgemacht sehen und sich abgewiesen fühlen. Auf diese Weise können Interaktionszirkel entstehen, die kaum noch von beiden Beziehungspartnern entwirrbar sind.

Gezieltes Einsetzen von Vorläufern innerer Objekte bei noch unausgereifter Objektkonstanz

Unter Objektkonstanz, ein Begriff, der von Hartmann (1972) eingeführt wurde, verstehen wir die Fähigkeit des Subjekts, das innere Bild eines äußeren realen Objekts auch dann im seelischen Innenraum aktivieren und mit ihm in Kontakt treten zu können, wenn es physisch nicht anwesend ist (Kind 1990).

Diese Fähigkeit ist nicht selbstverständlich und wird in der Regel erst mit Abschluß der präödipalen Entwicklungsphase erreicht. Je nach theoretischer Orientierung geben die verschiedenen Autoren der Phase, in der diese für die Gestaltung stabiler zwischenmenschlicher Beziehungen grundlegende Fähigkeit erworben wird, verschiedene Bezeichnungen (depressive Position nach M. Klein, ambivalentes Stadium nach Abraham, Bildung integrierter Selbst- und Objektrepräsentanzen nach Kernberg). Patienten, die noch über keine ausreichende Objektkonstanz verfügen geraten verständlicherweise in mehr oder weniger große Ängste, daß das Objekt für sie verloren sei, wenn sie nicht in direktem oder schnell wieder herstellbarem Kontakt mit ihm stehen. In solchen Situationen kann ein Ersatzobjekt entängstigend wirken.

Ein Patient bat mich bei Therapieunterbrechungen, die entweder durch mich oder durch ihn bedingt waren, einen kleinen Stein im Behandlungszimmer hinterlegen zu dürfen und suchte sich in einem Bücherregal einen Platz, der ihm sicher schien. Nach Beendigung der Unterbrechung nahm er den Stein wieder an sich. Eine andere Patientin war der Meinung, ich würde nur fahren, weil ich ihrer überdrüssig sei, weil ich sie wegen der von ihr ausgehenden Belastungen satt hätte, kurz, ich führe in Urlaub, um sie los zu sein. Trennungen konnte sie nur als einen gegen sich gerichteten destruktiven Akt erleben. Wenn ich die Behandlung durch Urlaub oder Tagungen unterbrach, dann konnte es nur den einen Grund haben, nichts mehr von ihr wissen zu wollen. Und wenn ich Urlaub benötigte, dann deswegen, weil ihre Behandlung so schwierig, so kräftezehrend war, weil sie also letztlich so unaustehlich war, daß ich mich von ihr erholen mußte – natürlich nur von ihr. Andere Patienten schien es für sie nicht zu geben, obwohl sie wissen mußte, daß ich auch andere Patienten hatte, denn schließlich sah sie im Wartezimmer auch andere Leute, die in mein Behandlungszimmer ein- und ausgingen. Obwohl sie diese Beobachtungen machen konnte und mußte, verfügte sie noch über genügend ich-schützende Verleugnungskräfte, um die Vorstellung aufrecht zu erhalten, daß sie meine einzige Patientin sei.

Als ich ihr sagte, daß ich in die Alpen zum Skilaufen fahren würde, hatte sie Angst, ich würde in eine Gletscherspalte fallen. Nun könnte man – geleitet vom Freudschen Suizidkonzept – daraus folgern, daß die Patientin jetzt erstmals in der Lage war, die gegen ihr Selbst gerichtete Aggressivität wieder einem Objekt zuzuwenden, und man könnte aus dieser Phantasie einen Todeswunsch gegen mich ableiten. Diese Hypothese könnte dann etwa zu folgender Intervention führen: »Da Sie mich nicht behalten können, sind Sie so enttäuscht, daß ich auch ebensogut wegbleiben könnte«, was etwas anders formuliert, ihren Todeswunsch ausdrückt.

Ich will nicht bestreiten, daß eine solche Überlegung einen richtigen Kern enthält. Aber nicht alles, was richtig ist, sollte auch gleich gesagt werden. Besonders bei der Deutung der Aggression von suizidalen Patienten sind Timing und Dosierung abzuwägen. Tabachnik (1961) weist darauf hin, daß eine vorzeitige Deutung der Feindseligkeit des Patienten zu einer Verstärkung der Schuldgefühle führen könne und über diesen Weg zu einer Verstärkung der Suizidalität. Da auf der psychischen Oberfläche der »Gletscherspaltenphantasie« die Angst war, mich nicht mehr zu haben und dann allein zu sein, sagte ich sinngemäß: »Sie machen sich Sorgen um mich, aber ich werde gut auf mich aufpassen.« Implizit sagte ich der Patientin damit auch, daß ihre destruktiven Phantasien nicht unbedingt so destruktiv waren, wie sie es befürchtete; und weiterhin, daß ich es für wichtig hielt, auf sich aufzupassen – ein Gedanke, der der Patientin fremd war.

Kinder nehmen sich ihr besonderes Kuscheltier oder ihr Nuckeltuch abends mit ins Bett und überbrücken so Situationen des Alleingelassenwerdens. Sie benötigen diese Objekte in einer Phase, in der die Repräsentanzen ihrer wichtigsten Bezugspersonen noch nicht voll ausgereift sind. Es sind tröstende Objekte, die man immer zur Verfügung hat und die für eine wichtige Realperson, aber auch für wichtige zu beschützende Selbstanteile stehen. Sie dienen als Vorläufer bei dem Prozeß der Entwicklung einer stabilen inneren Repräsentanz. Um solche Repräsentanzvorläufer handelt es sich auch, wenn man Patienten eine Telefonnummer gibt und ihnen auf der Landkarte zeigt, wohin man fährt.

Bei einer in Tiefenbrunn stationär behandelten Patientin war der bevorstehende Urlaub ihrer Therapeutin ein Problem, ängstigte sie und aktivierte alte Unsicherheiten, ob dieses wichtige Objekt zurückkehren würde, und wie sie es überhaupt wagen könne, die Patientin allein zu lassen. In der ersten Therapiesitzung nach dem Urlaub nahm die Patientin in ihrem Sessel Platz, holte eine seitlich in den Falten desselben versteckte Murmel hervor und zeigte sie stolz ihrer Therapeutin mit den Worten: »Hier, die hatte ich im Sessel versteckt«. Der Patientin diente diese Murmel als ein ihr Selbst repräsentierendes Objekt, das sie im symbolisierten Raum ihrer Therapeutin (dem Sessel im Behandlungszimmer) untergebracht hatte. Durch dieses symbolische Aufgebobensein sorgte sie dafür, daß in ihrem eigenen Innenraum die Verbindung zu ihrer Therapeutin nicht abriß.[1]

Die Kain-Abel-Position: eine frühe Stufe in der Entwicklung von Objektbeziehungen

Der Angst vor Objektverlust in Trennungssituationen kann auf zweierlei Weise entgegengewirkt werden: einmal durch den Therapeuten, der dem Patienten Symbole seiner Person überläßt; zum anderen durch den Patienten, der selbst dafür sorgt, daß etwas von ihm in den Bereich des Therapeuten gelangt. Auf der Ebene der Objektbeziehungen geht es dabei um zwei grundsätzliche Fragen. Erstens darum, wie zuverlässig die Person des Therapeuten im Patienten repräsentiert ist: Ob sie noch stärker in positive und negative Aspekte gespalten ist, oder ob sie bereits einen gewissen Integrationsgrad erreicht hat und damit vor Auslöschungsaktivitäten seitens des Patienten bei Enttäuschungen schützt. Zweitens geht es darum, wie zuverlässig der Patient selbst bei seinem Therapeuten repräsentiert ist. Hat dieser ein positives Bild von ihm oder ein negatives. Letztlich ist es die Frage, die im Alten Testament im Mythos von Kain und Abel eingefangen wird: Wie denkt das allmächtige Objekt über sein Subjekt. Auf der Kain-Abel-Stufe gibt es nur zwei Alternativen: uneingeschränkte Akzeptanz (die Abel-Postion), oder uneingeschränkte Ablehnung (die Kain-Position). Wenn das allmächtige Objekt (oder der sogenannte »signifikante Andere«) gut über mich denkt, wünscht es auch, daß ich lebe. Denkt es schlecht über mich, bin ich ihm lästig oder gleichgültig, so drückt es damit aus, daß es wünscht ich würde nicht existieren.

1 Dieses Fallbeispiel verdanke ich Ruth Müller-Kind.

Kains Opfer wurde von seinem primären Objekt nicht so behandelt, wie das Abels. Durch Abweisung dessen, was von ihm kam – er hatte ja Früchte des Feldes geopfert, die er selbst angebaut hatte, Produkte also, in denen sein wirkliches und eigentliches Selbst steckte – mußte er sich als abgelehnt und nicht erwünscht fühlen und den Schluß ziehen: So wie ich bin, soll ich nicht sein.

Die Ablehnung, nicht die eines bestimmten, umgrenzten Aspekts, sondern des zentralen Kerns einer Person, kann in außerordentlich starkem Maße – vielleicht stärker, als wir es uns üblicherweise vorstellen – Suizidalität hervorrufen. Sie ist ohne Hilfe desjenigen, von dem man meint, Ablehnung zu erfahren, schwer zu bewältigen und man fragt sich, warum Kain nicht suizidal wurde. Das Erschlagen Abels wird von ersten Affektmengen entlastet haben. Aber da ist noch etwas anderes. Es ist nämlich interessant zu verfolgen, welcher Vorgang sich zwischen Kain und seinem primären Objekt (Gott) nach Einleitung der Entidealisierung durch Abweisung des Opfers abspielt. In einem Gemütszustand, in dem Kain ganz einer überwältigenden Enttäuschungsaggression ausgeliefert war, weil er meinen mußte, daß es nur ein negatives Selbst in ihm gibt, welches – vielleicht darf man so weiterphantasieren – es nicht wert ist, daß es weiter besteht, in diesem Moment erfährt Kain eine äußerst intensive Zuwendung Gottes. Sein primäres Objekt stellt Forderungen bezüglich seiner Weiterentwicklung an ihn. Gott erwartet von Kain die Beherrschung seines Grimms, Herrschaft seines Ich über sein Es. Und so drückt Kains Gott aus, daß er wünscht, daß Kain lebt. Mit Kain verbindet Gott das Ziel, durch Beherrschung seines Ichs die Voraussetzungen dafür zu schaffen, daß er und seine Nachkommen sich weiterentwickeln. Und wenn er ihn darüber hinaus noch mit einem Zeichen versieht, das ihn vor dem Tod durch andere schützen soll, dann ist das nur eine Unterstreichung des Wunsches seines Gottes, daß er leben soll. Aus der Sicht Kains hat sich sein allmächtiges Objekt von einem ablehnenden in ein akzeptierendes gewandelt.[2]

2 Dieser erste von Gott der Menscheit gestellte ich-psychologische Entwicklungsauftrag trägt, wie man wenig später im Alten Testament lesen kann, bedeutende Früchte: Musikanten und Erzschmiede werden als Kains Nachkommen genannt, Berufe, die eine beträchtliche Entwicklung von Ich-Funktionen voraussetzen.

Damit hatte aber auch das Bild, das Kain über sich in seinem Objekt vermuten durfte eine Änderung erfahren: er war jetzt auf eine gute, akzeptierte Weise in Gott repräsentiert. In diesem Ziel, eine Änderung der Objektrepräsentanz im signifikanten Anderen zu bewirken, können wir ein entscheidendes Motiv für suizidales Handeln sehen (Kind 1992). Bekannt ist die Suizidphantasie von der »Reue am Grab«. Reue als Ausdruck einer Änderung der Einstellung des Objekts zum Subjekt.

Die Suizidtheorie Paul Federns und die Analyse des Gegenübertragungshasses

Eine der Freudschen Suizidtheorie entgegengesetzte Sicht wurde von Paul Federn (1928/29) vorgetragen. Die Ablehnung durch das primäre Objekt ist – folgen wir seinem Ansatz – eine suizidogene Situation. Bei Federn heißt es, »daß (in der Regel) nur der sich mordet, den ein anderer totwünscht« (S. 388). Klemann (1983) fand in einer familientherapeutisch-orientierten Studie bei suizidalen Patienten eine auffällige Häufung von Verlusterlebnissen, einschließlich Suiziden, sowie ein Klima von Bedrohung und Destruktion. Die Patienten erlebten sich als unerwünscht, überflüssig, ungeliebt und ihre Existenzberechtigung als in Frage gestellt. Unter Einbeziehung der historisch-gesellschaftlichen Dimension gelangt Klemann zu der Hypothese, daß suizidale Kinder und Jugendliche das tun, oder überlegen zu tun, was ihre Eltern nicht wagten: Die Beseitigung unerwünschten Nachwuchses.

Ein solches Klima muß nicht unbedingt den Charakter manifester Bedrohung und Destruktivität haben, um suizidogen zu wirken. Es kann sich auch im Gewande ständiger Sorge und der Befürchtung zeigen, daß das Kind jederzeit sterben könnte. Ein Patient berichtete, daß seine Mutter stets die Befürchtung gehabt hat, er könne einen Unfall haben oder würde auf andere Weise bald sterben. Nachdem im dritten Lebensjahr eine geringfügige Operation erforderlich wurde besuchte sie ihren Sohn und schaute ihn an als sei er tot.

Das Federnsche Konzept greift die der Freudschen Theorie vom Mord am introjizierten Objekt entgegengesetzte Richtung auf. Und entsprechend unterschiedlich werden auch unsere Schlußfolgerungen bezüglich der vom Patienten intendierten Beziehung oder die daraus abgeleiteten Überlegungen zu Interventionsformen sein.

Wenn wir davon ausgehen, daß durch die suizidale Interaktion alte, pathologische Objektbeziehungen im Hier-und-Jetzt aktualisiert werden sollen, und wenn wir die These von Federn hinzunehmen, daß in der Regel nur der suizidal wird, den ein anderer tot wünscht, dann ist es naheliegend, daß der suizidale Patient in seinem signifikanten Anderen eine Person erzeugen muß, die ihn tot wünscht, oder etwas in ihr induzieren muß, was vom Unbewußten mit Tot-gewünscht-Werden gleichgesetzt werden kann.

Die Analyse unseres Gegenübertragungshasses kann uns ja zu ganz verschiedenen Schlußfolgerungen führen (Maltsberger u. Buie 1974; Kind 1986). Wir können unseren Haß so verstehen, daß der Patient versucht, in uns durch seine Provokationen entsprechende Gefühle und Affekte aus dem aggressiven Bereich zu erzeugen, was, wenn wir das Konzept Bions (1959) hinzunehmen, den Sinn haben kann, für den Patienten im Sinne der Containerfunktion etwas zu übernehmen, was seine Psyche nicht mehr aushält. Wir können in unseren aggressiven und destruktiven Gegenübertragungsgefühlen aber auch einen Hinweis auf eine beginnende Induktion eben dieses totwünschenden Objekts im Sinne Federns erkennen.

Bekannt sind die mannigfachen Beschreibungen, in denen die behandelnden Ärzte ihren suizidalen Patienten im wahrsten Sinne des Wortes alles Schlechte wünschen. Reimer (1981, S. 2) nennt ein Beispiel, in dem ein Chirurg, nachdem er seinen Patienten versorgt hatte, bei der Verabschiedung sagt, er könne ihm ein Geschäft am Hafen nennen, in dem er sich einen guten Strick kaufen könne. Tabachnick (1961) beschreibt, wie der behandelnde Arzt bei der Verabschiedung sagt: »Now you can go out and do it again« (S. 66).

Dies sind Beispiele totwünschender Objekte die nicht anzuprangern sind, sondern die auf etwas verweisen, wonach wir auch in uns selbst suchen müssen. Womöglich wird sich in der Umgebung des Patienten ein totwünschendes Objekt finden, jedenfalls wenn es sich um eine Suizidalität mit dem Ziel der Objektänderung handelt. Und wenn wir dies in uns selbst entdecken, ist es insofern hilfreich, weil wir dann dieses gefährliche Objekt in die Beziehung zu uns integriert haben. Anders gesagt: Wenn wir es uns gestatten, im Umgang mit unseren Patienten nicht nur Konstruktives sondern auch Destruktives in uns zu haben, das sich gegen den Patienten richten will, werden wir auch schneller in der Lage sein, das übertragene Objekt zu erkennen und dies dem Patienten zu verdeutlichen. Wenn wir die Aktivierung solcher Tendenzen in uns tabuieren, werden wir uns unter Umständen mit dem Patienten verhaken und es werden sich Gegenübertragungsverstrickungen ergeben.

Schlußfolgerungen

Die Externalisierung pathogener intrapsychischer Objektbeziehungen in den Raum der therapeutischen Beziehung ist aus verschiedenen Gründen günstig: Wir erfahren dadurch mehr über die inneren Objekte des Patienten und können sie gegebenenfalls auch ein Stück entschärfen. Der Beitrag des Patienten liegt darin, die intrapsychische Beziehung im interpersonellen Feld entstehen zu lassen. Aus einer Therapeut-Patient-Beziehung, soll eine für den jeweiligen Patienten spezifische Beziehung werden. So wie ein Enzym an einem Molekül ansetzt und an seiner Umformung in ein anderes arbeitet, so setzt Suizidalität an einer Beziehung an, arbeitet an ihr und sorgt dafür, daß sie eine Gestalt annimmt, die einer inneren Gestalt von Beziehung entspricht. Wir bezeichnen diesen Vorgang auch als den interaktionellen Anteil der projektiven Identifikation (Ogden 1979; König u. Tischtau-Schröter 1982). Suizidalität als »interpersonelles Enzym« hat nun aber neben der Eigenschaft höchster Wirksamkeit auch die, entsprechend gefährlich zu sein. Es ist daher wichtig, das jeweilige patientenspezifische interpersonelle Ziel der Suizidalität innerhalb der Therapeut-Patient-Beziehung möglichst früh zu erkennen. Bei der Externalisierung innerer Objektbeziehungen geht es um unbewußte Prozesse. Die projektive Identifikation beispielsweise ist ein unbewußter Vorgang. Das durch Suizidalität angestrebte interpersonelle Ziel ist daher schwer auszumachen und deshalb wird sich Supervision wahrscheinlich besonders günstig auswirken. Sie trägt dazu bei, schneller die angestrebte Beziehung zu erkennen und dadurch die Einsatszeit von Suizidalität zu verkürzen.

Günstig ist es, wenn der Patient in der Lage ist, einen deutlichen Beitrag zu leisten, die für ihn spezifische pathogene Objektbeziehung interpersonell zur Darstellung zu bringen, was ja auch heißt, daß er vom Objekt noch etwas will, das Objekt noch nicht aufgegeben hat. Dies ist am ehesten bei der manipulativen Form von Suizidalität der Fall (Kind 1992). Außerdem sollte er über genügend Ich-Kräfte verfügen, die so inszenierte Objektbeziehung beobachtend und beurteilend ins Auge zu fassen und den von ihm beigetragenen Anteil zu sehen. Von seiten des Therapeuten ist es wichtig, daß er nicht zu viel Übertragungen, die ungedeutet bleiben, auf sich zieht und sich immer wieder auch als reales Objekt zeigt.

Die Bezeichnung »suizidale Krise« führt unmittelbar zu dem Gedanken, Kurztherapieformen zu entwickeln. Nach meiner Erfahrung aus der stationären Psychotherapie können Patienten mit suizidalen Krisen mit Kurzpsychotherapie behandelt werden. Aber man muß sich natürlich fragen, ob damit auch strukturelle Änderungen verbunden sein können, oder ob lediglich eine manifest kritische Objektbeziehung in ihre latente Form zurückgedrängt wird, etwa manifeste in latente Suizidalität. Dies berührt auch die Frage des Durcharbeitens. Die stationäre Psychotherapie bietet dafür gewisse Vorteile. Der Patient kann eine Vielfalt von Beziehungen eingehen und der Therapeut kann ihn auf die Ähnlichkeit seiner Konflikte hinweisen.

Nun ist die Bezeichnung »strukturelle Änderung« natürlich ein großes Wort, das in kleine und kleinste Schritte aufgelöst werden muß. Aber wenn es in einer Therapie gelingt, das an einer pathogenen Objektbeziehung beteiligte frühkindliche Objekt bewußt zu machen, und sei es auch nur in einem bestimmten Aspekt, ist vielleicht ein solcher kleiner Schritt getan und manchmal schon viel gewonnen.

Literatur

Bion, W. R. (1959): Attacks on Linking. Int. J. Psychoanal. 40: 308-315.

Federn, P. (1928/29): Selbstmordprophylaxe in der Analyse. Z. Psychoanal. Päd. 3: 379-389.

Freud, S. (1916): Trauer und Melancholie. G. W. Bd. X. Frankfurt a. M.

Götze, P. (1992): Psychodynamik und Psychotherapie der Suizidalität. In: Götze, P.; Mohr, M. (Hg), Psychiatrie und Gesellschaft im Wandel. Regensburg.

Hartmann, H. (1972): Ich-Psychologie, Studien zur psychoanalytischen Theorie. Stuttgart.

Henseler, H. (1984): Narzißtische Krisen. Zur Psychodynamik des Selbstmords. Opladen.

Kernberg, O. (1978): Borderline-Störungen und pathologischer Narzißmus. Frankfurt a. M.

Kind, J. (1986): Manipuliertes und aufgegebenes Objekt. Zur Gegenübertragung bei suizidalen Patienten. Forum Psychoanal. 2: 228-239.

Kind, J. (1990): Zur Interaktionstypologie suizidalen Verhaltens. Nervenarzt 61:153-158.

Kind, J. (1992): Suizidal – Die Psychoökonomie einer Suche. Göttingen.

Klemann, M. (1983): Zur frühkindlichen Erfahrung suizidaler Patienten. Frankfurt a. M.

König, K.; Tischtau-Schröter, R. (1982): Der interaktionelle Anteil der Übertragung bei Partnerwahl und Partnerveränderung. Z. psychosom. Med. und Psychoanal. 28: 266-279.

Maltsberger, J.; Buie, D. H. (1974): Contertransference Hate in the Treatment of Suicidal Patients. Arch. Gen. Psychiat. 30: 625-633.

Ogden, T. (1979): On Projective Identification. Int. J. Psychoanal. 60: 357-373.

Reimer, C. (1981): Zur Problematik der Helfer-Suizidant-Beziehung. Empirische Befunde und ihre Deutung unter Übertragungs- und Gegenübertragungsaspekten. In: Henseler, H.; Reimer, C. (Hg.), Selbstmordgefährdung. Stuttgart.

Tabachnick, N. (1961): Countertransference Crisis in Suicidal Attempts. Arch. Gen. Psychiat. 4: 64-70.

Tilman Grande

Beziehungsfiguren in der initialen Phase ambulanter Kurzpsychotherapien mit suizidalen Patienten – eine empirische Studie

Dieser Beitrag berichtet über die Ergebnisse einer Untersuchung, in der die Beziehungsgestaltungen suizidaler Patienten mit dem Ziel analysiert wurden, typische *suizidale Beziehungsmuster* herauszuarbeiten. Die Untersuchung schließt damit einerseits an Persönlichkeits- und Krankheitstheorien an, die in ihrer ätiologischen und diagnostischen Konzeption störungsspezifische interpersonelle Tendenzen und Verhaltensweisen in den Vordergrund stellen (Sullivan 1953; Leary 1957). Diese Ansätze sind in neuerer Zeit wieder aufgenommen (McLemore u. Benjamin 1979) und besonders für die Untersuchung von Persönlichkeitsstörungen fruchtbar gemacht worden (Benjamin 1993, Fiedler 1994). Eine zweite Basis bilden die inzwischen zahlreichen Methoden zur Analyse *repetitiver Beziehungsmuster*, die seit etwa zwei Jahrzehnten von verschiedenen Autoren mit psychodynamischer Ausrichtung entwickelt worden sind. Zu nennen sind in diesem Zusammenhang vor allem die Methode des zentralen Beziehungskonfliktthemas ZBKT von Luborsky (1977; Luborsky u. Crits-Christoph 1990), der Ansatz der zyklischen maladaptiven Muster CMP von Strupp und Mitarbeitern (Strupp u. Binder 1984; Schacht u. Henry 1994), das sogenannte plan-diagnostische Vorgehen von Curtis et al. (1994) und die »Ideographic Conflict Formulation Method« von Perry et al. (1994). In allen diesen Ansätzen wird versucht, durch eine individualisierte Erfassung des habituellen problematischen Beziehungsverhaltens eines Patienten zu einem Verständnis seiner Störung unter Einschluß der Symptome und ihrer interpersonellen Bedeutungen zu gelangen.

Die Erfassung problematischer Beziehungsmuster geschieht in den genannten psychodynamischen Ansätzen stets auch mit der therapiepraktischen Absicht einer Bestimmung *interpersoneller Foki* (Strupp u. Binder 1984), mit deren Hilfe die therapeutische Arbeit in zeitbegrenzten Behandlungen auf ein zentrales Thema konzentriert und dadurch wirksamer gestaltet werden kann. Im Sinne des Übertragungsparadigmas wird dabei vorausgesetzt, daß das problematische Muster auch die therapeutische Beziehung formt und dort bearbeitet werden kann. Die Bestimmung individueller Beziehungsmuster hat somit nicht nur diagnostischen Wert, sondern auch behandlungspraktische Implikationen.

Im folgenden berichte ich in einem ersten Schritt über die Ergebnisse einer Studie, in der die problematischen Beziehungsmuster von 10 suizidalen Patienten untersucht wurden. Vergleichbare Untersuchungen liegen von Kaslow et al. (1989) und im Zusammenhang mit der interpersonellen Diagnostik von Persönlichkeitsstörungen von Benjamin (1993) vor. Als Materialgrundlage dienten in der Studie Transkripte von Beziehungsepisoden, die von den Patienten in den ersten beiden Stunden einer ambulanten Kurztherapie geschildert wurden.[1] Die Therapie fand jeweils im direkten Anschluß an einen stationären Klinikaufenthalt nach einem Suizidversuch statt. Im zweiten Schritt möchte ich an dem Fall einer Patientin ausführlicher zeigen, wie das in ihren Beziehungsschilderungen wiederkehrende zentrale Muster auch in der initialen Beziehung zum Behandler erscheint. Ziel der Arbeit ist es, einige bedeutsame suizidale Beziehungsmuster darzustellen und beispielhaft zu zeigen, wie sie im unmittelbaren therapeutischen Kontakt wiederkehren und entdeckt werden können.

1 Das Material wurde in der Psychiatrischen Abteilung der Münchener Universitätsklinik rechts der Isar im Rahmen eines Forschungsprojekts zur ambulanten Nachbetreuung von Patienten nach einem Suizidversuch erhoben und mir für die vorliegende Untersuchung freundlicherweise von Prof. H. Lauter zur Verfügung gestellt (zu dem Müchnener Projekt vgl. Möller et al. 1994).

Methodische Anmerkungen

Für die empirische Analyse von Beziehungsstrukturen benötigt man zunächst eine Methode, mit der Beziehungselemente systematisch identifiziert und reliabel erfaßt werden können. Ein für diesen Zweck entwickeltes und anerkanntes Verfahren ist die *Strukturale Analyse sozialen Verhaltens* (SASB) von Benjamin (1974, 1993), das ich im folgenden kurz darstellen möchte. Man betrachte dazu die Abbildung 1, die eine entsprechende Darstellung von Benjamin (1993) in vereinfachter Form wiedergibt. Auf eine Übersetzung wird verzichtet, weil die englischen Bezeichnungen als Kurznotationen für die verschiedenen Beziehungsqualitäten aufgrund ihrer Prägnanz besonders gut geeignet sind.

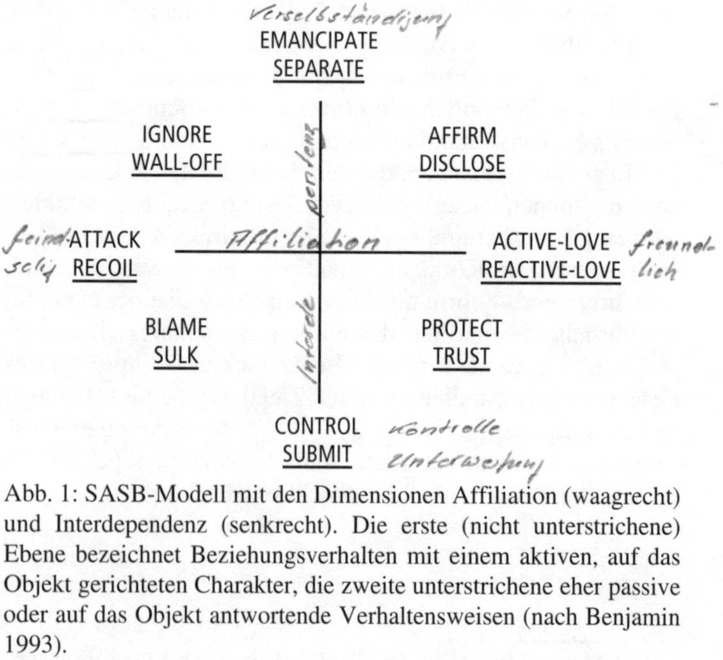

Abb. 1: SASB-Modell mit den Dimensionen Affiliation (waagrecht) und Interdependenz (senkrecht). Die erste (nicht unterstrichene) Ebene bezeichnet Beziehungsverhalten mit einem aktiven, auf das Objekt gerichteten Charakter, die zweite unterstrichene eher passive oder auf das Objekt antwortende Verhaltensweisen (nach Benjamin 1993).

Die Abbildung 1 zeigt ein Achsenkreuz mit acht ausgezeichneten Positionen, an denen jeweils in zwei Ebenen bestimmte Beziehungsqualitäten eingetragen sind. Waagrecht eingezeichnet ist die Achse der *Affiliation* mit einem feindseligen

(ATTACK/RECOIL) und einem freundlich zugewandten Pol (ACTIVE-LOVE/REACTIVE-LOVE). Senkrecht eingezeichnet ist die Achse der *Interdependenz* mit den Polen der Verselbständigung (EMANCIPATE/SEPARATE) und Kontrolle oder Unterwerfung (CONTROL/SUBMIT). Die an den vier übrigen Positionen eingetragenen Beziehungsqualitäten stellen jeweils *Mischungen* von Ausprägungen auf diesen beiden Achsen dar, beispielsweise beinhaltet die Qualität BLAME (Herabsetzen, Beschuldigen, Kritisieren) sowohl Feindseligkeit (negative Affiliation) als auch Kontrolle (negative Interdependenz). IGNORE (Ignorieren, Vernachlässigen, im Stich lassen) repräsentiert ebenfalls einen feindseligen Akt (negative Affiliation), enthält jedoch andererseits das Element der Verselbständigung im Sinne eines »Sich-selbst-Überlassens« (positive Interdependenz).

Zwei weitere Eigenschaften des Modells sind für die nachfolgenden Ausführungen wichtig. Die Abbildung weist an jeder der acht Positionen *zwei* Notierungen von Beziehungsqualitäten auf, von denen die untere unterstrichen ist. Die oberen Notierungen bezeichnen dabei kommunikative Akte, die eher aktiven Charakter haben und auf ein Gegenüber gerichtet sind; unterstrichen sind andererseits eher passive Akte, mit denen sich jemand rezeptiv zu einem Gegenüber einstellt und auf es reagiert. Ein Blick auf die Abbildung macht deutlich, daß die an derselben Position notierten Beziehungsqualitäten sich zueinander *komplementär* verhalten. PROTECT und TRUST bezeichnen die aktive und passive Position eines Verhältnisses, bei dem ein »Helfer« und eine »Hilfesuchender« im Sinne einer *Passung* aufeinander ausgerichtet sind.

Eine weitere, wichtige Eigenschaft des Modells ist darin zu erkennen, daß einander gegenüberliegende Positionen *gegensätzliche* Beziehungsqualitäten repräsentieren. In der Nomenklatur von SASB spricht man hier von dem Verhältnis der *Opposition*. BLAME und AFFIRM stehen in Opposition zueinander, ebenfalls SEPARATE und SUBMIT. Diese Relation einander gegenüberliegender Qualitäten kann man bei der Analyse von Beziehungen etwa dann verwenden, wenn Patienten in ihren Schilderungen *Verneinungen* benutzen. »Ich fühle mich von ihm nie ernstgenommen!« kann bedeuten: »Ich fühle mich von ihm fortwährend entwertet!« Die Verneinung transformiert in diesem Beispiel das positive Element des »Ernstnehmens« (AFFIRM) in sein Gegenteil, das im Modell an der gegenüberliegenden Position notiert ist (BLAME).

Das SASB-Modell wirkt gerade auf Kliniker häufig etwas abstrakt und willkürlich. Zahlreiche Untersuchungen zur dimensionalen Struktur interpersoneller Bedeutungen haben jedoch immer wieder ergeben, daß sich interpersonelle Bedeutungen beliebiger Art grundsätzlich auf einem zweidimensionalen Achsenkreuz mit den Dimensionen Affiliation und Interdependenz abbilden lassen (Wiggins u. Broughton 1985; Becker 1995). Aufgrund dieser Tatsache sind zahlreiche Systeme zur Erfassung interpersoneller Qualitäten entstanden, die die beschriebene zweidimensionale Struktur benutzen und die verschiedenen Beziehungsmodi als Mischungen beider Dimensionen auf einem Kreismodell anordnen (sog. *Zirkumplexmodelle*). SASB ist *eines* dieser Modelle. Es besitzt eine Reihe von forschungstechnisch hervorragenden Eigenschaften, die es für die Analyse von Beziehungsmustern zu einem besonders geeigneten Instrument machen. Dazu gehört vor allem die Möglichkeit einer differenzierten und reliablen Beurteilung auch sehr komplexer Beziehungsstrukturen, wie sie in Patientenerzählungen häufig anzutreffen sind. Das SASB-Ratingverfahren wird detailliert bei Grawe-Gerber u. Benjamin (1989) und bei Tress (1993) dargestellt.

Beziehungmuster suizidaler Patienten

In einer ersten Untersuchung, über die hier nur zusammenfassend berichtet werden kann, wurden die zentralen problematischen Beziehungsmuster von 10 Patienten erfaßt, die einen Suizidversuch unternommen hatten. Das methodische Vorgehen kann an dieser Stelle nur sehr kurz beschrieben werden; eine ausführlich Darstellung findet sich bei Grande (1997). Grundlage der Untersuchung bildeten *Beziehungsepisoden*, die die Patienten in Therapiegesprächen schilderten. In diesen Episoden werden interpersonelle Ereignisse berichtet, die aktuell oder in der Vergangenheit erlebt worden sind; diese Schilderungen wurden mit der SASB-Methode analysiert. Anschließend wurden mit einem clusteranalytischen Verfahren systematisch diejenigen Beziehungsmerkmale identifiziert, die sich über die verschiedenen Episoden hinweg identisch *wiederholen*. Diese *repetitiven Strukturen* können als *Widerspiegelung habitueller Beziehungsmuster* interpretiert werden. Einige solcher Muster fanden sich bei einer Mehrzahl der 10 Patienten und konnten aufgrund ihres besonders problematischen Gehalts und ihrer inneren Nähe zur Suizidsituation als *suizidale Muster* verstanden werden. Vergleiche mit anderen Patientengruppen und mit einer nicht-suizidalen Kontrollgruppe haben die *spezifische Bedeutung* dieser Muster für das Suizidproblem bestätigt. Als Ergebnis der Untersuchung konnten ein *zentrales suizidales Muster* mit *zwei Varianten* herausgearbeitet werden, die ich im folgenden darstelle.

Das zentrale und besonders konflikthafte Muster wurde in 9 der 10 Fälle identifiziert. Dieses Muster kann in der Form einer *Beziehungsformel* wiedergegeben werden, die aus SASB-Notationen zusammengesetzt ist. Zur Unterscheidung der Beteiligten werden die Kodierungen für den Patienten *steil*, die für die Objekte *kursiv* notiert.

TRUST -> *IGNORE & BLAME*

Der Inhalt dieses Musters kann etwa folgendermaßen beschrieben werden: Der Patient fühlt sich bedürftig und von einem Gegenüber abhängig, das sich zu ihm gleichgültig und uninteressiert verhält; diese Ignoranz erlebt er zugleich als Entwertung und Herabsetzung. Die genannten Beziehungsaspekte werden durch die drei SASB-Kodierungen erfaßt: Das Moment der Bedürftigkeit wird im SASB-Modell (Abb.1) als Mischung einer negativen Interdependenz (Abhängigkeit) und einer positiven Affiliation (sehnsüchtige Erwartung an das Objekt) wiedergegeben und mit TRUST kodiert. In dem Objektverhalten mischen sich gleichgültiges Desinteresse (Kodierung: *IGNORE*) und Verachtung oder Herabsetzung (Kodierung: *BLAME*). Der typisierte Bericht eines solchen Patienten könnte etwa lauten:

»Ich fühle mich bedürftig und bin auf mein Gegenüber angewiesen. Aber dieses bemerkt meine Not offenbar gar nicht und verhält sich völlig gleichgültig zu mir. Ich glaube, es verachtet mich sogar in meiner Hilflosigkeit. Seine Gleichgültigkeit beweist mir, wie wertlos ich bin.«

Die beiden Varianten schließen sich an diese zentrale Beziehungserfahrung an und können als spezifische Formen des Umgangs mit ihr verstanden werden. Sieben der 10 Patienten lassen sich jeweils *einer* dieser Varianten zuordnen, zwei von ihnen weisen die Merkmale *beider* Varianten auf.

TRUST -> *IGNORE & BLAME* -> WALL-OFF & BLAME

Die bereits bekannte Beziehungsformel für das zentrale suizidale Muster ist hier auf der rechten Seite um zwei weitere Kodierungen erweitert worden, die die Reaktion auf die beschriebene konfliktreiche Beziehungserfahrung wiedergeben. Ein Teil der Patienten reagiert in der Weise, daß er sich zurückzieht und das Gegenüber gleichzeitig entwertet. Diese beiden Beziehungsaspekte können durch die Kodierungen WALL-OFF und BLAME wiedergegeben werden. Der oben begonnene typisierte Bericht dieser Patienten könnte sich deshalb etwa so fortsetzen:

»Und weil dies so ist, bin ich lieber für mich und ziehe mich von meinem Gegenüber zurück. Dieses ist es nicht wert, daß ich es so wichtig nehme. Ich brauche es in Wahrheit gar nicht!«

Eine andere Gruppe von Patienten reagiert in der Weise, daß sie die eigene Bedürftigkeit offensiv benutzt und das Objekt damit unter Druck setzt. Dies geschieht durch den Hinweis auf die eigene schwierige Situation, für die das Gegenüber verantwortlich gemacht wird. Der Druck kann die Form der Kontrolle (Kodierung: CONTROL), der Vorwürflichkeit (Kodierung: BLAME) oder einer Kombination dieser beiden Aspekte annehmen. Die mit TRUST kodierte Bedürftigkeit gewinnt dabei die Qualität eines moralischen *Anrechts*, das bei dem Objekt mehr oder weniger aggressiv eingeklagt wird.

TRUST -> *IGNORE & BLAME* -> TRUST & CONTROL/BLAME

Ein Patient mit dieser Variante könnte seinen Bericht so fortsetzen: »Und weil dies so ist, muß ich meinem Gegenüber noch deutlicher zeigen, wie sehr ich leide und was es mir schuldig ist. Irgendwann muß es sich mir so zuwenden, wie ich es brauche und verdient habe!«

Zur Veranschaulichung möchte ich beispielhaft zwei Episoden einer Patientin diskutieren. Als zentrales problematisches Muster konnte in ihrem Fall die oben beschriebene *Rückzugsvariante* identifiziert werden, die auch im Beziehungskontext ihres Suizidversuchs bedeutsam ist. Die Patientin berichtet im ersten Beispiel über Spannungen im Verhältnis zu ihrem Bruder und dessen Freundeskreis, in dem sie sich häufiger aufhält und schon längere Zeit unwohl fühlt. Die Patientin kritisiert, daß diese »Clique« ihr nichts gibt und daß sie sich von ihren Mitgliedern nicht verstanden fühlt. Sie setzt ihre Klage folgendermaßen fort: [2]

Patientin: … Und das ist immer *[T: Also so-]* schwierig zu akzeptieren, weil wir ja alle an *[T: mhm]* einen Punkt, wo wir glauben da ist ein Grenze, kommen, schon mal ernstgenommen werden wollen, oder zumindestens selbst wenn das nicht diskutiert wird- *[T: mhm]* oder wenn das ausgesprochen wird- (.) aber man möchte stillschweigend das Gefühl haben, äh daß also die Umgebung sich sagt »Naja also so rein mit- mit Witz und blöden Scherzen können wir das ja nun nicht ganz abtun«, nicht? Und (.) das weiß ich, daß ich dann *[T: mhm]* also eher mh- eine Reaktion habe, daß ich ein bißchen hochgenommen werde oder so und das kann ich also im Moment schlecht haben. (.) Da bin ich dann lieber für mich.

Diese Episode enthält alle Elemente der Rückzugsvariante. Die Patientin fühlt sich bedürftig (TRUST) und stößt damit bei anderen auf Verständnislosigkeit und ignoranten Spott (*IGNORE*), den sie als herabsetzend und kränkend erlebt (*BLAME*). Sie reagiert darauf mit Rückzug (WALL-OFF) und einer Gegenkritik (BLAME), die die mangelhafte Sensibilität ihrer Umgebung zum Gegenstand hat. Die gleichen Kodierungen treffen auch für die folgende, vergleichsweise konkreter geschilderte Beziehungssituation zu:

Patientin: … die ganze Familie wußte es- jeder äh, mit dem ich zusammen war (.), daß ich ähm mich schwer getan hab in der letzten Zeit, nicht? Daß ich auch öfter mal also dann die Heultour bekommen hab und- (.) und äh mh schon auch mal dann bei gewissen Gelegenheiten irritiert war und gesagt hab »Laßt mich in Ruhe und greift mich nicht immer so an, ihr- (.)

---

2 Mit (.) und (..) werden sehr kurze Pausen unter einer Sekunde markiert, mit (1) bzw. (2) Pausen ab einer Sekunde. Hörersignale werden in eckige Klammern gesetzt und in die Äußerungen eingefügt (z. B. *[T: mhm]*). Die Notierung »-« bezeichnet einen Abbruch oder einen Neuansatz im Redefluß (z. B. »… so rein mit- mit Witz …«).

ihr mißversteht so viel« – weil ich eben (.) mich in der Beziehung von anderen in der letzten Zeit immer (.) ähm unterschieden habe, daß ich das Gefühl habe, sie sind alle topfit und- und sie mh- (.) wenn ich mal einen Moment ruhig dasaß, dann hieß es gleich immer »Ja, machst denn so'n Gesicht, was ist denn.« (.) Und ich hatte dann immer Mühe zu sagen »Es ist gar nichts« ähm s- mh, nicht?

Auch hier beschreibt die Patientin ihre Bedürftigkeit (TRUST), die sie für die Umgebung leicht erkennbar mitzuteilen glaubt. Die anderen machen ihr daraufhin Angebote, die sie aber nicht als fürsorglich empfinden kann, sondern vor allem als herablassende und kritische Zurückweisungen erlebt (*BLAME*). Ihre im Zitat enthaltene Entgegnung läßt erkennen, daß sie sich unverstanden fühlt (*IGNORE*: »...ihr mißversteht so viel«). Aus ihrer Sicht können die anderen sie gar nicht verstehen, weil sie »topfit« sind und deshalb nur verächtlich auf ihre Schwäche schauen können. Wie im letzten Beispiel distanziert sie sich (WALL-OFF: »Es ist gar nichts«), indem sie sich abschottet und unzugänglich macht. Zugleich kritisiert und entwertet sie in der gesamten zitierten Äußerung die anderen und deren Angebote (BLAME).

Es finden sich bei dieser Patientin zahlreiche weitere Episoden mit derselben Beziehungsstruktur. Der *Suizidversuch* findet in einer Situation statt, in der sie vergeblich auf einen Anruf ihres Freundes wartet, der für eine bestimmte Zeit vereinbart war. Sie erlebt sein Versäumnis als sicheres Zeichen seiner Gleichgültigkeit und als Mißachtung ihrer Person, ist von der Aussichtlosigkeit dieser Beziehung überzeugt und nimmt in dieser Stimmung eine Überdosis Schlaftabletten ein.

Beziehungsschilderungen und therapeutische Beziehung

Für den Fall der eben zitierten Patientin soll nun exemplarisch gezeigt werden, wie das in ihren Schilderungen auffällige Rückzugsmuster auch die initiale Beziehung zu dem Therapeuten prägt. Ich verwende dazu einige sehr kurze Beziehungsschilderungen, die die Patientin in den ersten 2 1/2 Minuten des ersten ambulanten therapeutischen Kontakts äußert;

dies entspricht etwa zwei Seiten des Transkripts von diesem Gespräch. Therapeut und Patientin kennen sich bereits durch einen kurzen Kontakt am Krankenbett während der stationären Entgiftung. Die Beteiligten sprechen sehr schnell (besonders die Patientin), so daß sich die Äußerungen mehrmals überlappen. Der Ton ist insgesamt sehr freundlich, so daß dem naiven Zuhörer nichts auffällt, was auf eine spannungsreiche Kontaktaufnahme hinweisen würde.

Die Patientin erwähnt in dieser Gesprächsequenz kurze Interaktionen mit ihrer Firma (bzw. ihren dortigen Vorgesetzen) und einer Ärztin. Wie bei psychotherapeutischen Behandlungen üblich, kann man versuchen, die Beziehungsdarstellungen zu diesen dritten Objekten (*Gesprächsinhalte*) für das Verständnis der sich im Hier und Jetzt ereignenden therapeutischen Beziehung (*Gesprächsprozeß*) nutzbar zu machen. Als Heuristik für eine solche Interpretation verwende ich im folgenden zwei Regeln, die die »Übersetzung« von Inhalt zu Prozeß unterstützen können:

(1) Analogie: Die einfachste Möglichkeit ist die der direkten Abbildung. In diesem Fall sind die berichteten Interaktionen mit dritten Objekten so konstruiert, daß sie sich zu der unmittelbaren Interaktion zwischen Patient und Therapeut *analog* verhalten. Dies bedeutet, daß der Therapeut in der Beziehungsepisode die Position des Objekts einnimmt und sich in der Wahrnehmung des Patienten genau wie dieses verhält. Die Patientin sagt gewissermaßen: »So wie es dort gewesen ist, so ist es auch jetzt mit dir!«

(2) Kontrastierung: Die Annahme der Kontrastierung besagt, daß der Therapeut zwar an die Stelle des Objekts in der Episode eingesetzt wird, sich jedoch genau konträr zu diesem verhält. Die Patientin teilt hier mit: »Mit dir ist es hier gerade andersherum, als es dort mit ihm gewesen ist!« Wie bereits bei der Erläuterung des SASB-Modells angemerkt, können solche Entgegensetzungen innerhalb der Logik von SASB als *Opposition* wiedergegeben werden. Für die Beschreibung des Therapeutenverhalten aus der Sicht der Patientin würde man deshalb jene SASB-Kodierung einsetzen, die der Kodierung für das Objektverhalten in der Episode im Kreismodell genau *gegenüberliegt* (vgl. Abb.1., z. B.: *AFFIRM* für das Objektverhalten => *BLAME* für das Therapeutenverhalten); genauso würde

man auch das Verhalten der Patientin in der therapeutischen Situation als oppositionell zu dem beschreiben, was sie in der geschilderten Episode tut (z. B. TRUST für das Verhalten er Patientin in der Episode => WALL OFF für das Verhalten gegenüber dem Therapeuten).

Zwei weitere Möglichkeiten zur Deutung von Beziehungsepisoden ergeben sich, wenn zusätzlich eine *Vertauschung der Rollen* stattfindet: Die Patientin beschreibt dann innerhalb der Beziehungsepisode in ihrer eigenen Rolle die Position des Therapeuten in der Behandlungssituation, während sie dort selbst die Rolle des Objekts der Episode einnimmt. Auch unter diesen Umständen kann die Konstellation in der Episode analog oder konträr zur therapeutischen Situation sein. Diese Relationen können als *(3) Analogie mit Rollenvertauschung* oder als *(4) Kontrastierung mit Rollenvertauschung* bezeichnet werden. Sie werden hier nur der Vollständigkeit halber erwähnt, sind jedoch für die Analyse des folgenden Beispiels nicht relevant.

Ich wende mich nun der initialen Kontaktaufnahme zwischen Therapeut und Patientin zu. Ich gehe bei der Analyse schrittweise vor und diskutiere nach jeder Patientinnenäußerung (a) das allgemeine »Klima« in der Beziehung zum Therapeuten und (b) die in den Beziehungsepisoden enthaltene indirekte Darstellung der therapeutischen Situation; zu diesem Zweck greife ich wieder auf eine formalisierte Darstellung der jeweiligen Beziehungselemente mit Hilfe von SASB-Notierungen zurück.

T: Wie ist es Ihnen denn ergangen (..) zu Hause

P: Eigentlich gut (.) *[T: mhm]* muß ich sagen- also am- (.) gestern war ich en bißchen (.) schwach auf den Beinen, aber (.) im Großen und Ganzen mit Konzept und (.) *[T: mhm]* hab' auch bißchen was zu Hause gemacht, (.) auf der Bank, hab' etwas eingekauft, also sozusagen den üblichen Tagesablauf (.) wiederaufgenommen, nicht? *[T: mhm]* In der Firma nochmal angerufen, einen Termin mit meiner Ärztin ausgemacht (1) und eigentlich alles was so notwendig *[T: mhm]* ist. (..)

Kommentar:

(a) Der Therapeut eröffnet mit einer Frage nach dem zwischenzeitlichen Ergehen, die von der Patientin mit einem Bericht beantwortet wird, in dem sie über ihre Aktivitäten erzählt.

(b) Die Patientin erwähnt in ihrer Äußerung zwar Objekte, mit SASB kodierbare Schilderungen von Beziehungsepisoden gibt es jedoch nicht. Das Gespräch geht folgendermaßen weiter:

T: Mhm (.) en Termin ähm mit der Ärztin gemacht?

P: Ja ich- äh weil äh es so schwierig ist. Das Krankenhaus konnte mich nur bis heute krankschreiben (.) *[T: Ja]* und das wär ja unsinnig gewesen- Ich hatte mit der Firma gesprochen, die ham gesagt ich soll mich schonen. *[T: ja]* Und ich wollte also- weil ich wirklich glaube für mich- weil ich so äh unter dem furchtbaren Streß von auch unerledigten Dingen war (.) und äh da ich im Moment- wir im Moment also nicht sehr viel Arbeit in der Firma haben- ist es *[T: mhm]* zu verantworten und da wollt ich sie bitten, daß sie mich die nächste Woche noch krankschreibt, und dann kann ich also alles was mich so (.) *[T: mhm]* belastet hat mal regeln und- ähm denke, daß is dann gut für mich eben (.) so ganz-

Kommentar:

(a) Die Patientin *rechtfertigt* sich in dieser Antwort, so daß wahrscheinlich ist, daß sie die Nachfrage des Therapeuten als kritisch wahrgenommen hat. Dem Inhalt der Äußerung ist zu entnehmen, daß sie die Frage des Therapeuten auf den Umstand bezieht, daß für ihre Krankschreibung keine »ordentliche«, d.h. *medizinische* Begründung vorliegt. Sie fühlt sich deshalb zu Erklärungen gezwungen, warum ihr Verhalten gegenüber der Firma dennoch gerechtfertigt ist.

(b) Die Äußerung der Patientin schildert außerdem eine Interaktion zwischen ihr und der Firma, bei der die Patientin ermutigt wird, sich zu schonen (*AFFIRM*). Man kann nun versuchsweise prüfen, ob diese Episode als Analogie oder Kontrastierung zur unmittelbaren Patient-Therapeut-Interaktion verstanden werden kann. Auf dem Hintergrund des rechtfertigenden Charakters ihrer Äußerung ist es wahrscheinlich, daß sie eine Kontrastierung zu der therapeutischen Interaktion intendiert und deshalb in ein Therapeutenverhalten markiert, das zu der Ermutigung der Firma *in Opposition* steht. Sie sagt gewissermaßen: »Die Firma ermutigt mich, du dagegen kritisierst mich!« (*BLAME*), oder: »Wenn du mich auch kritisierst, so es gibt doch andere, die mich und mein Verhalten bestätigen!«

T: Mhm. Also die nächste Woche auch noch

P: Ja- nein bis Mitte nächster Woche- also ich *[T: mhm]* werd mit ihr sprechen- in jeden Fall brauch ich es. *[T: mhm]* Ähm ähm bei un- Unsere Firma ist furchtbar bürokratisch und ich brauch also diese zwei Tage (.) gestern und heute in jedem Fall, nicht? *[T: Jaja ja mhm mhm]* und da ich im Moment nur teilzeit arbeite- daß heißt Montag nicht- (.) sondern den Rest *[T: mhm]* der Woche, ist also der Montag sowieso kein- (.) keine Schwierigkeit. Aber es muß also (.) seine Ordnung haben (.) und da muß *[T: Jaja]* sie mir da noch ein paar Tage bescheinigen.

Kommentar:

(a) Die Patientin rechtfertigt sich wieder. Es kann deshalb auch hier angenommen werden, daß sie die Äußerung des Therapeuten als kritisch erlebt. Ihrer Antwort ist zu entnehmen, daß sie sich diesmal gegen den Vorwurf verteidigen zu müssen glaubt, sie würde sich nicht nur unberechtigt krankschreiben lassen, sondern zudem noch besonders viel Arbeitszeit für sich und ihre privaten Angelegenheiten »abzweigen«.

(b) Im Inhalt der Äußerung wird wiederum eine Interaktion mit der Firma geschildert. Diese wird jedoch nun ganz im Gegensatz zu der Schilderung in der vorangegangenen Äußerung als *kontrollierend* beschrieben (*CONTROL*). Diese Inkonsistenz spricht dafür, daß diese Darstellung ebenso wie die der letzten Äußerung als Kommentar zur aktuellen therapeutischen Situation zu verstehen ist. Die Patientin fügt sich der Kontrolle ihrer Firma (SUBMIT), indem sie sich eine Krankschreibung besorgt. Zugleich kritisiert sie die Firma als »furchtbar bürokratisch« (BLAME) und macht deutlich, daß sie durch ihre »pro forma«-Krankschreibung diese Kontrolle umgehen und sich damit eben doch durchsetzen wird (SEPARATE).

Eine konträre Relation dieser Episode zu der therapeutischen Interaktion würde implizieren, daß sich der Therapeut aus der Sicht der Patientin im Gegensatz zu der Firma nicht kontrollierend, sondern im Gegensatz dazu (d. h. in Opposition dazu) Autonomie gewährend (EMANCIPATE) verhält; dies stimmt jedoch nicht mit den deutlich erkennbaren Rechtfertigungsbemühungen ihm gegenüber überein (s. o.). Plausibler ist es daher, das Erleben der Patientin in der Behandlungssituation als *Analogie* zu der Firmenepisode zu rekonsturieren: Sie fühlt sich von dem Therapeuten kontrolliert, gibt aber gleichzeitig zu erkennen, daß sie ihre Autonomie ihm gegenüber bewahren wird, auch wenn sie sich anscheinend fügt. Zusätzlich kritisiert sie mit der Geschichte indirekt den Therapeuten und dessen bürokratische »Ordentlichkeit«. (*CONTROL* -> SUBMIT & SEPARATE & BLAME)

T: Mh mh. Aber jetzt- ähm nicht wegen irgendwelcher speziellen Beschwerden, sondern-

P: Nein, nein gar nicht- das ist *[T: mhm]* also wirklich- (.) Sie kennt mich- sie kennt an sich auch. Ich hatte schon mal im Laufe der letzten zwei Jahre immer mal so bißchen ein Tief auch im Winter nach einer Grippe, (.) weil ich kreislauflabil bin *[T: mhm]* und auch wohl etwas wetterfühlig, (.) und ähm hab dann schon immer mal mit ihr gesprochen und- ähm (..) Insofern weiß sie- *[T: mhm]* Also eigentlich ist es eine Ärztin- sie hat mit mir privat auch so ein bißchen gesprochen, (.) daß ich also immer schon mal so etwas gedrückt war und sich die Dinge aber eben nicht (.) so ganz *[T: mhm]* ändern ließen, (.) nicht? (..) Sie weiß an sich auch aus der Anamnese *[T: jaja]* den Tod des Kindes damals und- wie meine Mutter- was *[T: mhm]* mit meiner Mutter passierte, denn da bin ich nachts auch nach Östreich gefahren und mußte also auch en paar Tage (.) freinehmen. (.) Und dadurch war sie über *[T: mhm]* alles auch so ein bißchen (..) orientiert. (..)

Kommentar:

(a) Die unmittelbare Beziehung zum Therapeuten ist hier unklar. Die Patientin stimmt dem Therapeuten zwar zu, jedoch ist diese Zustimmung auf eine Weise *überbetont*, die auch die gegenteilige Mitteilung hörbar werden läßt, daß sie auf ihrem Standpunkt beharren und sich nicht weiter in ihre Angelegenheiten hineinreden lassen wird.

(b) Aufschlußreicher ist die Schilderung der Beziehung der Patientin zu ihrer Ärztin: Hier wird dargestellt, daß sie sich ihrer Ärztin auch in sehr persönlichen Angelegenheiten anvertraut hat (TRUST). (Inhaltlich geht es um den Tod ihres Kindes und der Mutter). Die Ärztin hat sich der Patientin fürsorglich zugewendet (*Protect*), dabei ihre Not anerkannt und sie – wie aus dem Kontext deutlich ist – bereits bei verschiedenen Gelegenheiten krankgeschrieben (*Affirm*).

Eine Analogisierung dieser Episode mit dem aktuellen Prozeß ist auf dem Hintergrund des bisherigen Gesprächverlaufs nicht plausibel, weil diese voraussetzen würde, daß die Patienten den Therapeuten als freundlich zugewandt erlebt. Deshalb ist die Annahme wahrscheinlicher, daß sie sich im *Kontrast* zu ihrer positiven Schilderung der Ärztin von dem Therapeuten *nicht* unterstützt fühlt und sich ihm – jedenfalls für den Moment – *nicht* anvertraut. Für die Feststellung der zutreffenden Beziehungselemente müssen daher in Abbildung 1 die *oppositionellen* Kodierungen aufgesucht werden (statt Trust => Wall-Off; statt *Affirm* => *Blame*; statt *Protect* => *Ignore*). Die in dieser Episode enthaltene indirekte Botschaft könnte daher etwa so lauten: »Ich fühle mich von dir unverstanden und kritisiert, deshalb ziehe ich mich von dir zurück.« (*Ignore* & *Blame* -> Wall-Off)

T: Mhm

(6)

Wie is' es denn jetzt so konkret- ich mein ich hatte das ja des letzte Mal so noch angesprochen mit dem Freund- (.) hat sich da irgendwas…

Nach einer Pause (von 6 Sekunden) wechselt der Therapeut zu einem anderen Thema über. Dies erscheint einerseits folgerichtig, weil der Kontakt zwischen ihm und der Patientin durch deren Rückzug unterbrochen worden ist und innerhalb des »Krankschreibungsthemas« eine Verständigung nicht mehr möglich scheint; die Reaktion des Therapeuten bestätigt insofern die eben vorgenommene Prozeßanalyse. Andererseits hätte die in dieser Gesprächssequenz stattfindende »Entgleisung« des Dialogs auch therapeutisch nutzbar gemacht werden können, wenn sie von dem Therapeuten aufgenommen und mit der Patientin thematisiert worden wäre. Die zitierte Sequenz ist jedoch sehr kurz und der Tonfall der Äußerungen freundlich und verbindlich, so daß beim ersten Zuhören nicht viel Auffälliges zu entdecken ist; erst die Mikroanalyse der impliziten Beziehungsbotschaften deckt ihren latenten spannungsreichen Gehalt auf. Konflikthafte Interaktionen dieser Art müssen sich im Verlaufe eines Gesprächs oft wiederholen, bis sie bemerkt und im Gespräch aufgegriffen werden können.

Schlußbemerkung

Die dargestellte Gesprächssequenz endet in einer Beziehungskonstellation, die für das Rückzugmuster jener Untergruppe von Suizidpatienten typisch ist, zu der die Patientin gehört. Über ihre Beziehungsschilderungen stellt die Patientin indirekt dar, daß sie den Therapeut als verständnislos (*IGNORE*) und kritisch-herabsetzend (*BLAME*) erlebt. Die Patientin kündigt mit ihren Schilderungen außerdem an, daß sie sich von dem Therapeuten distanzieren (WALL-OFF) und gegen ihn zur Wehr setzen wird, indem sie ihn als wenig hilfreich kritisiert und droht, daß sie ihn – wie auch ihre Firma – nicht ganz ernst nehmen könnte (BLAME). Man kann auch weiter gehen und sagen, daß sie mit diesen Erzählungen einen ersten Rückzug und eine Entwertung des Therapeuten in gewisser Weise bereits *realisiert* – denn sie veranlaßt ihn am Ende dazu, das Thema zu wechseln. Damit ist exemplarisch gezeigt, wie sich die zentralen Elemente des für diese Patientin charakteristischen Beziehungsmusters im Verlauf der initialen Therapeut-Patient-Interaktion konstellieren.

Bei der Analyse der kurzen Anfangssequenz habe ich die Prinzipien der *Analogie* und der *Kontrastierung* verwendet, um den Inhalt der geschilderten Beziehungsepisoden für das Verständnis des therapeutischen Prozesses nutzbar zu machen. Natürlich kann nicht davon ausgegangen werden, daß *jede* Episode eine interaktionelle Bedeutung für das Hier und Jetzt der therapeutischen Interaktion besitzt. Welche Indizien gibt es, die auf eine solche Bedeutung hinweisen? Einige sind dem untersuchten Beispiel zu entnehmen und sollen hier abschließend nochmals aufgelistet werden: Die Schilderung einer Beziehungsepisode hat wahrscheinlicher dann eine interaktionelle Funktion, wenn sie in keinem plausibelen thematischen Zusammenhang mit den vorangegangenen Äußerungen steht und daher irgendwie unmotiviert erscheint; wenn in aufeinanderfolgenden Episoden Begegnungen mit demselben Objekt geschildert werden, die in bezug auf die Qualität der geschilderten Beziehungen inkonsistent sind (wie die beiden »Firmen-Episoden« in dem Beispiel); wenn in den Episoden Objekte und Rollen beschrieben werden, die inhaltliche Ähnlichkeiten mit der Therapeutenrolle oder Patientenrolle aufweisen (wie im Beispiel der »Ärztinnen-Episode«). Diese Sammlung ist unvollständig. Ihre Ergänzung und eine genauere Ausarbeitung von »Übersetzungsregeln« zwischen den Gesprächs*inhalten* und dem therapeutischen *Prozeß* sind nicht nur für die Forschung interessant, sondern auch therapiepraktisch lehrreich, insofern sie den Blick für die zahlreichen indirekten Beziehungsbotschaften schärfen, die in Patientenäußerung enthalten sind.

Literatur

Becker, P. (1995): Seelische Gesundheit und Verhaltenskontrolle. Göttingen.

Benjamin, L. S. (1974): Structural Analysis of Social Behavior. Psychological Review 81 (5): 392-425.

Benjamin, L. S. (1993): Interpersonal Diagnosis and Treatment of Personality Disorders. New York.

Curtis, J. T.; Silberschatz, G.; Sampson, H.; Weiss, J. (1994): The plan formulation method. In: Psychotherapy Research 4: 197-207.

Fiedler, P. (1994): Persönlichkeitsstörungen. Weinheim.

Grande, T. (1997): Suizidale Beziehungsmuster. Opladen.

Grawe-Gerber, M.; Benjamin, L. S. (1989): Structural Analysis of Social Behavior. Coding manual for psychotherapy research. Forschungsberichte aus dem Psychologischen Institut der Universität Bern.

Kaslow, N. J.; Wamboldt, F. S ; Wamboldt, M. Z.; Anderson, R. B.; Benjamin, L. S. (1989): Interpersonal deadlock and the suicidal adolescent: An empirical based hypothesis. The American Journal of Family Therapy 17 (3): 195-207.

Leary, T. (1957): Interpersonal Diagnosis of Personality. New York.

Luborsky, L. (1977): Measuring a pervasive psychic structure in psychotherapy: The core conflictual relationship theme. In: Freedman, N.; Grand, S. (Hg.), Communicative Structures and Psychic Structures. New York, S. 367-395.

Luborsky, L.; Crits-Christoph, P. (Hg.) (1990): Understanding Transference. The CCRT Method. New York.

McLemore, C. W.; Benjamin, L. S. (1979): Whatever happend to interpersonal diagnosis. A psychosocial alternative to DSM-III. American Psychologist 34: 17-34.
Möller, H.-J.; Bürk, F.; Dietzfelbinger, T.; Kurz, A.; Torhorst, A.; Wächtler, C.; Lauter, H. (1994): Ambulante Nachbetreuung von Patienten nach Suizidversuch. Regensburg.
Perry, J. C.; Augusto, F.; Cooper, S. H. (1989): Assessing psychodynamic conflicts: I. Reliability of the idiographic conflict formulation method. Psychiatry 52: 289-301.
Perry, J. C. (1994): Assessing psychodynamic patterns using the Idiographic Conflict Formulation Method. Psychotherapy Research 4: 239-252.
Schacht, T. E.; Henry, W. P. (1994): Modeling recurrent patterns of interpersonal relationship with Structural Analysis of Social Behavior: The SASB-CMP. Psychotherapy Research 4: 208-221.
Strupp, H. H.; Binder, J. L. (1984): Psychotherapy in a New Key: A Guide to Time-Limited Dynamic Psychotherapy. New York.
Sullivan, H. S. (1953): The Interpersonal Theory of Psychiatry. Norton, New York. Deutsch: Die Interpersonelle Theorie der Psychiatrie. Frankfurt a. M., 1983.
Tress, W. (Hg.) (1993): SASB – Die strukturale Analyse sozialen Verhaltens. Heidelberg.
Wiggins, J. S.; Broughton; R. (1985): The interpersonal circle: A structural model for the integration of personality research. In: Hogan, R.; Jones, W. H. (Hg.), Perspectives in Personality 1. Greenwich, S. 1-47.

Rolf Klüwer

Agieren in der Kurztherapie

Ich möchte mich dem Thema annähern, indem ich mit einer Fallvignette beginne: Ein nettes griechisches Studenten-Liebespaar meldet sich bei der Beratungsstelle an. Sie ist schwanger und beide sind dadurch in eine große Bedrängnis geraten. Er ist ein Goldstück, sie ist ein vernünftiges Mädchen. Aber sie können sowohl aus inneren wie aus äußeren Gründen kein Kind haben. Es paßt einfach überhaupt nicht in ihre Welt. Sie ist aber deutlich tief enttäuscht, daß er nicht eindeutiger und entschiedener zu ihr steht. Beide sind für einen Schwangerschaftsabbruch. Sie reist nach Griechenland, wo der Eingriff durchgeführt wird. Im dritten Gespräch, das mit ihnen in der Beratungsstelle stattfindet, wird dann klarer, daß er die Beziehung nicht so ernst meinte wie sie. Er möchte noch mehr erleben, bis er sich festlegt, er möchte auch noch andere Frauen kennenlernen, während sie ihn eindeutig liebt. Nach dem erfolgten Abort kann sie nicht auch noch den Verlust des Freundes ertragen. Sie beginnt intensiv zu klammern, kann etwa ein Telefongespräch mit ihm nicht beenden und will immer weiter reden. Sie wird zusehends in einer panischen Weise anklammernd. Nach vier Paargesprächen wird ein neues Setting von wöchentlich zwei Einzelstunden für sie allein verabredet. Der Freund scheint sichtlich erleichtert, daß er die Freundin der Therapeutin überlassen und sich aus der Umklammerung befreien kann. Nach dem ersten Einzelgespräch sollte die zweite Stunde acht Tage später stattfinden. Bevor es aber so weit kommt, unternimmt die Patientin einen Suizidversuch mit Tabletten. Sie wird gefunden. Am Tag der verabredeten Stunde meldet sie sich telefonisch bei der Therapeutin. Sie berichtet das Vorgefallene soweit wie eben wiedergegeben und klärt mit ihr, daß sie jetzt für zwei Wochen zur Erholung nach Griechenland fahren will und sich dann wieder melden wird.

Wir sehen einen typischen verzweifelten Ablauf, der im Suizidversuch endet, in dem deutlich auch eine Hoffnung mitschwingt, den Freund auf diese Weise doch noch umstimmen zu können. Die feindlichen, mörderischen Wünsche der Patientin wurden statt auf den Freund gegen sich selbst gerichtet. Deutlich erkennbar sind die aggressive sowie die narzißtische Selbstwertproblematik nach dem Verlust des Kindes und ihres Freundes.

Die Patientin hat offensichtlich agiert. Was soll aber damit gesagt sein? Soll es heißen, daß sie einen unkontrollierten Impulsdurchbruch hatte? Laplanche und Pontalis geben in ihrem Lexikon »Psychoanalytische Grundbegriffe« für »acting out« folgende Definition: »Handlungen meist impulsiven Charakters, die im Vergleich mit dem gewöhnlichen Motivationssystem des Subjekts einen Bruch darstellen, im Laufe seiner Handlungen relativ isolierbar sind und oft eine auto-oder heteroaggressive Form annehmen«. Und: »Im Aufkommen von acting out sieht der Analytiker das Anzeichen für das Hervortreten des Verdrängten« (Laplanche u. Pontalis 1972, S. 34). In der Handlung des Suizidversuchs wäre demnach die verdrängte Aggression hervorgetreten. Diese Erklärung ist sicher richtig, aber doch wenig befriedigend, weil sie uns eigentlich nicht hilfreich ist, die Patientin besser verstehen zu können. Denn dieses Verständnis von Agieren hat sich weit von dem entfernt, was Freud unter Agieren verstand; es ist reduziert auf eine unkontrollierte Abfuhr, doch von der Dynamik unbewußter Zusammenhänge ist nichts mehr erkennbar.

Wenn wir die Biographie der Patientin heranziehen, können wir zu einem tieferen Verständnis gelangen. Aus ihr erfahren wir, daß die Patientin im Alter von sechs Jahren infolge eines Verkehrsunfalls die schwangere Mutter verlor und der Vater dem Alkohol verfiel. Sie wurde dann zu einer als hartherzig erlebten Tante gegeben, von der sie sich im Alter von 16 Jahren zu befreien vermochte. Sie ging nach Deutschland, traf dort den Vater wieder, der sich inzwischen gefangen hatte. Mit seiner Hilfe brachte sie es bis zum gegenwärtigen Studium. Wenn wir die Katastrophe in der Kindheit (der Verkehrsunfall) im Zusammenhang mit dem Suizidversuch sehen, dann ist die Vermutung wohl begründet, daß das kindliche Trauma anläßlich des aktuellen »Verkehrsunfalls« in Gestalt des aktuellen Verlusterlebnisses ihres Kindes und ihres Freundes wieder auftaucht. Bis heute ist es der Patientin vermutlich nicht gelungen, den Verlust der Mutter und ihrer kindlichen Welt von damals zu verarbeiten. Sie erlebt in der aktuellen Situation erneut einen traumatischen Verlust. Bezüglich des Agierens der Patientin können wir jetzt die Hypothese aufstellen: Sie muß agieren, weil sie die Verluste aus Kindheit und Gegenwart wegen deren Unerträglichkeit nicht verarbeiten kann.

Dieses Verständnis des Agierens gibt uns die Möglichkeit, die innere Situation der Patientin zu verstehen: Sie erlebt die Wiederholung ihres Traumas. Der Aspekt der Verdrängung rückt in den Hintergrund, wenn wir die Patientin verstehen und mit ihr in einer Weise sprechen wollen, daß sie sich verstanden fühlen kann. Denn was die Patientin nicht weiß, ist, daß sie ihr Trauma wiederholt.

Ich möchte versuchen, noch etwas klarer werden zu lassen, wie der Begriff des Agierens heute in der psychoanalytischen Literatur verstanden wird. Kein psychoanalytischer Begriff hat ja eine derartige Bedeutungserweiterung erfahren. Ich möchte dies am Thema des Suizids erläutern. Der Suizid ist meist, aber nicht immer, ein Handeln, das ein Agieren ist. Wenn ich es so formuliere, definiere ich Agieren als ein Handeln, das durch unbewußte Motive determiniert ist. Prinzipiell besteht die Hoffnung des Therapeuten, daß die suizidale Handlung nicht zu erfolgen braucht, wenn die unbewußten Motive bewußt wären, natürlich einschließlich der Durcharbeitung der dazugehörigen Gefühle. Unterstellt ist ferner, daß der suizidale Akt durch unbewußte Motive determiniert ist, die jetzt – aus welchen Gründen auch immer – aktualisiert werden, zu anderen Zeiten aber sozusagen ruhen können. Ferner ist unterstellt, daß die Aktualisierung der Motive eine Wiederholung einer früheren, zumeist infantilen Situation ist, die mit Hilfe des Suizids gelöst wird, da keine bessere Lösung zur Verfügung steht.

Dieses Verständnis des Agierens mit den Merkmalen der unbewußten Handlung, der Aktualisierung und der Wiederholung bildet gewissermaßen den Begriffskern. Ich vernachlässige weitere Auffassungsunterschiede, die zu sehr ins Detail führen. Ich habe den Begriff zugleich erweitert und eingeengt: erweitert über den Übertragungsaspekt hinaus und von der analytischen Situation unabhängig formuliert. Unbenommen bleibt, daß sich Agieren in der beschriebenen Weise auch in der analytischen Situation ereignet und daß Übertragung ein Vorgang ist, der nicht nur in der analytischen Situation stattfindet. Eingeengt habe ich den Begriff insofern, als die Ausweitung, die durch die Übersetzung ins Englische als acting out erfolgte, um jegliches impulshafte, delinquente, unkontrollierte Verhalten zu beschreiben, daß ich in diesem Kontext nicht übernehmen möchte. Sie hat imgrunde auch ihren analytischen Hintergrund verloren und ist deskriptiv geworden.

Freud benutzte die Bezeichnung »agieren« erstmals bei seiner Patientin »Dora« (1905): Während ihrer Analyse machte er die Entdeckung, daß sie anstatt zu erinnern agierte. Da er versäumt hatte, die Quelle der Übertragung direkt zu deuten, agierte sie einen wesentlichen Teil ihrer Erinnerungen und Phatasien, anstatt sie in der Behandlung zu erzählen. Sie brach die Behandlung vorzeitig ab.

Obwohl Freud eine für das Verständnis seelischer Zusammenhänge so bedeutende Entdeckung gemacht hatte, nahm das Agieren in den nächsten Jahrzehnten eine zunehmend pejorative Bedeutung im Verständnis der Analytiker an. Agieren wurde gewissermaßen etwas Schlechtes. Es lassen sich dafür mehrere Gründe angeben:

(a) Da das Agieren für die Analyse Doras schädlich gewesen war, begann sich ein Verständnis auszubilden, als handele es sich um etwas, das man nicht tun sollte, dessen man sich – vor allem als Analysand – schämen müsse.

(b) Der agierende Patient ist für den Behandler unbequemer als der verbalisiernde. Er stellt an das technische Geschick und Verständnis höhere Ansprüche. Übrigens darf man wohl vermuten: daß erwachsene Patienten den Kinderpatienten in so großer Breite vorgezogen werden, da Kinder in ihren Therapien und Analysen in der Regel fast ausschließlich agieren.

(c) Die Ausdehnuung des Begriffs auf Psychopathie, impulshaftes und delinquentes Verhalten, die den analytischen

Wert des Begriffs korrumpierte, ließ Agieren als eine unsympathische und gestörte Charakterverfassung erscheinen.

Ganz im Gegensatz zu der negativen Bewertung hat sich in jüngerer Zeit eine gegengerichtete Tendenz in der Psychoanalyse entwickelt. Sie steht im Zusammenhang mit der Entwicklung von einer Ein- zu einer Zweipersonen-Psychologie und den Auswirkungen der Objektbeziehungspsychologie. Das heißt, die Beziehung ist mehr in den Mittelpunkt der Aufmerksamkeit gerückt und damit zugleich der kommunikative Aspekt. Die agierte Handlung wird jetzt zugleich gesehen als eine Inszenierung, als ein in Szene setzen. Das szenische Verstehen (Lorenzer u. Argelander) eröffnete neue Zugänge zu einem situativen Verständnis. In der englischen Fachliteratur werden diese Zusammenhänge unter dem Begriff enactment behandelt (Klüwer 1983, 1995).

Generell können wir feststellen: Agieren ist immer ein Ausdruck unbewältigter emotionaler Erfahrung. Da die unbewältigte Erfahrung nicht gedacht und das heißt bearbeitet und damit in die Gesamterfahrungen der Person integriert werden kann, wird die Erfahrung agierend wiederholt. Was nun jeweils unbewältigt ist, kann außerordentlich unterschiedlich sein: So kann ein unbewältigter neurotischer Konflikt ebenso Anlaß eines Agierens sein wie eine tiefer liegende Störung. Alle denkbaren Stufen der inneren Entwicklung können tangiert sein. Man kann sich das veranschaulichen an Bions (1962) Grid, wo die Stufen bei ß-Elementen beginnen und über Alpha-Elemente, Präkonzeptionen, Konzeptionen usw. führen. Auf jeder Stufe kann der Gebrauch, der von Teilen oder Bruchstücken der inneren Welt gemacht wird, agierend sein. Diese Vergegenwärtigung läßt erkennen, daß eine therapeutische Umwandlung von Agieren in Denken, und das heißt zugleich in Sprache, ganz unterschiedlich große Aufgaben darstellt mit entsprechend unterschiedlichen Schwierigkeitsgraden und Widerständen.

Ein Agieren kann so beschaffen sein, daß es in dem Augenblick aufgegeben werden kann, in dem es vom Subjekt verstanden, bemerkt wird; es kann so beschaffen sein, daß es obwohl verstanden und bemerkt, dennoch fortgesetzt wird, weil eine entsprechende emotionale Arbeit nicht geleistet ist und das Verstehen intellektuell bleibt; es kann so beschaffen sein, daß keine Bereitschaft seitens des Subjekts vorliegt, sich davon zu distanzieren und – in einer therapeutischen Situation – miteinander arbeitend zu verstehen; es kann so beschaffen sein, daß die Voraussetzungen, miteinander in Kontakt zu treten, angegriffen und zerstört werden, weil was agiert wird, nicht symbolisiert und konkretistisch ist. Alles das kann eintreten, während andere Teile der Person oder der Rest der Person gleichzeitig vergleichsweise normal funktionieren können.

Die Überlegungen sollen zur Frage der Bedeutung des Agierens in der Kurztherapie führen. Dazu ist folgendes festzustellen:

(a) Als erstes gilt es immer, den Versuch zu unternehmen, ein Agieren analytisch zu verstehen. Nur dann kann damit therapeutisch umgegangen werden. Hier ist das jüngere Verständnis des Agierens ganz besonders hilfreich. Das ist nicht so selbstverständlich, wie meine Feststellung erscheinen lassen mag; denn immer wieder ist zu beobachten, daß verbale Inhalte mehr Aufmerksamkeit auf sich zu ziehen vermögen als das, was der Patient tut, überhaupt und mit dem Therapeuten.

(b) Es ist nicht ausreichend, nur mit einem Neurosenmmodell zu arbeiten, sondern das theoretisch begriffliche Repertoire muß auf die Bereiche früherer Störungen ausgedehnt werden. Denn im Agieren können sich alle denkbaren pathologischen Bildungen niederschlagen.

(c) Bei suizidal agierenden Patienten erwarte ich einen überdurchschnittlichen Anteil schwerer traumatischer Störungen. Sie fordern von Therapeuten einen anderen technischen Umgang als neurotische Störungen, insofern es nicht um die Deutung eines Konflikts, sondern um das Erkennen und Annehmen des Traumas geht. Üblicherweise beginnt die analytische Arbeit an der Abwehr; bei einer traumatischen Störung aber liegt das sonst Abgewehrte offen wie eine Wunde. Wenn diese innere Situation im Vorgehen des Therapeuten keine Berücksichtigung findet, wird sich der Patient nicht nur nicht verstanden fühlen, sondern der Therapeut läuft darüber hinaus Gefahr, durch sein Vorgehen das Trauma in der therapeutischen Situation zu wiederholen und die Lage des Patienten zu verschlimmern.

(d) Agieren setzt der analytischen Arbeit prinzipiell keine Grenzen, wenn es angemessen verstanden wird. Auch der nicht kooperative Patient kann analytisch angesprochen werden. Das bedeutet aber natürlich nicht, daß dieser Zugang erfolgreich sein muß. Ich meine damit nur, daß es auf agierendes Verhalten eine angemessene Weise des therapeutischen Zugangs gibt.

(e) Das gilt auch für die Kurztherapie, wobei ich hinzufüge, daß die sich mit Kurztherapie verbindenden Zielvorstellungen recht unterschiedlich formuliert werden. So möchte ich entschieden Abstand nehmen von Formulierungen der Zielsetzung als einer Heilung, wie es Davenloo (1980) und auch Malan (1980) tun. Die dort »Heilung« genannten Vorgänge und Verfasungen sind nur mit Hilfe massiver manipulativer Vorgenhensweisen zu erreichen, die ich nachdrücklich ablehne. Früher war Malan (1963) in der Zielsetzung bescheidener, beanspruchte aber doch auch, »Kernkonflikte« auflösen zu können. Ich habe als Zielsetzung formuliert, den nächsten möglichen Schritt miteinander zu gehen. Das läßt offen, wie weit das therapeutische Paar miteinander kommt (Klüwer, 1985). Bei den von uns ausgesuchten Patienten sind die Ergebnisse sehr befriedigend. Ich wäre nicht erstaunt, wenn sich herausstellt, daß auch mit weniger geeigneten Patienten sinnvoll gearbeitet werden kann.

Die Kurztherapie kann nicht zaubern, sie kann nicht erreichen, was mit analytischen Mitteln nicht erreichbar ist. Sie kann allerdings einen intensiven Prozeß in Gang bringen und diesen in einer Weise zu führen versuchen, daß sich kein umfassenderer regressiver Prozeß ausbildet. Für jede Patientengruppe oder auch für jeden einzelnen Patienten ist zu prüfen, in welchem Umfang das gelingt.

Literatur

Argelander, H. (1970): Die szenische Funktion des Ichs und ihr Anteil an der Symptom- und Charakterbildung. Psyche 24: 325-345.

Bion, W. (1962): Lernen durch Erfahrung. Frankfurt a. M.

Freud, S. (1914): Erinnern, Wiederholen und Durcharbeiten. G. W. Bd. X, Frankfurt a. M., S. 125-136.

Freud, S. (1905): Bruchstück einer Hysterieanalyse. G. W. Bd. V, Frankfurt a. M., S. 161-286.

Davenloo, H. (1980): Short-term dynamic psychotherapy. New York.

Klüwer, R. (1995a): Agieren und Mitagieren – 10 Jahre später. Zeitschr. für pa. Theorie und Praxis X: 45-70.

Klüwer, R. (1995b): Studien zur Fokaltherapie, Frankfurt a. M.

Laplanche, J.; Pontalis, J.-B (1972): Das Vorkabular der Psychoanalyse, Frankfurt a. M.

Lorenzer, A. (1970): Sprachzerstörung und Rekonstruktion. Frankfurt a. M.

Malan, D. (1963): Psychoanalytische Kurztherapie. Bern.

Malan, D. (1980): The most important development in psychotherapy since the discovery of the unconscious. In: Davenloo, H. (Hg.), Short-term dynamic psychotherapy, Vol. I. New York.

Udo Rauchfleisch

Dissozial oder suizidal: Agierformen oral-narzißtisch Gestörter in der Psychotherapie

Eines der am häufigsten vorgebrachten Argumente gegen die Psychotherapie von dissozialen Persönlichkeiten beinhaltet die Annahme, diese Patientinnen und Patienten neigten in einem solchen Ausmaß zum »Agieren«, daß bei ihnen zumindest eine psychoanalytisch orientierte Behandlung nicht möglich sei. Tatsächlich stellt das »Inszenieren innerer Konflikte in der Außenwelt« (Rauchfleisch 1996, 1999) ein Kardinalsymptom dieser Patientengruppe dar. Dabei ist zu berücksichtigen, daß diese Art des Handelns oft weit über das Agieren im engeren Sinn hinausgeht, stellt das Agieren im engeren Sinne nach Freud (1905, 1914) doch ein Widerstandsphänomen in der analytischen Situation dar. Eine wesentlich weitere Definition hingegen finden wir bei Fenichel (1945), der die »Impulsneurotiker«, als Prototypen agierender Patienten, als Menschen bezeichnet, die noch handeln, »als bringe jede Spannung ein gefährliches Trauma mit sich. Ihre Handlungen sind weniger auf das positive Ziel hin orientiert, etwas zu erreichen, als auf das negative, eine Spannung loszuwerden. Ihr Ziel ist nicht die Lust, sondern eine Unterbrechung des Schmerzes. Sie empfinden jede Spannung, wie der Säugling Hunger empfindet, d. h. als eine Bedrohung ihrer Existenz« (Fenichel 1975, S. 247). Nach dieser Definition handelt es sich um eine habituelle Eigenschaft (Greenacre 1950; Deutsch 1966; Hartmann 1972), die im Leben der Betroffenen einen mehr oder weniger großen Raum einnimmt, von ihnen selbst als ich-synton erlebt wird (Greenacre 1950; Greenson 1973) und in Verbindung zu präverbalen Erlebnissen steht (Greenacre 1950; Bion 1962; Rosenfeld 1964; Meltzer 1967).

Bevor ich auf die psychodynamischen Hintergründe und die behandlungstechnischen Probleme im Umgang mit agierenden Patienten eingehe, möchte ich zunächst einen kurzen Abriß meines Konzepts zur Entwicklung dissozialer Persönlichkeiten geben, da sich aus diesem das therapeutische Vorgehen ableitet.

Zur Entwicklung dissozialer Persönlichkeiten

Bei einer psychodynamischen Betrachtung läßt sich die dissoziale Persönlichkeit als diagnostische Entität nicht identifizieren. Dennoch zeigt eine sorgfältige tiefenpsychologische Untersuchung bei dieser Art von Patienten, vor allem bei solchen mit chronisch-dissozialen Fehlentwicklungen, gewisse Verhaltensmerkmale, Konfliktbereiche und Verarbeitungsstrategien, die weitgehende Übereinstimmungen aufweisen. Bei vielen dieser Persönlichkeiten finden sich in der Kindheit zum Teil *schwere, in der sozialen Realität erfahrene Traumatisierungen.* Aufgrund der früh erlebten Versagungen besteht bei diesen Menschen geradezu eine Gier nach Zuwendung und Einverleibung der verschiedensten Objekte, von Alkohol, Drogen und materiellen Gütern bis zu Mitmenschen, die stark funktionalisiert werden und in erster Linie unter dem Aspekt wahrgenommen werden, ob sie die an sie gerichteten oralen Ansprüche zu erfüllen vermögen oder nicht (*oral-aggressiver Kernkonflikt*; Rauchfleisch 1999). Sobald die Bezugspersonen diese Bedürfnisse jedoch nicht zu erfüllen vermögen, werden sie Ziel eines immensen Hasses.

Ein weiterer Störungsbereich ist der der *Autonomieentwicklung*. Die späteren dissozialen Persönlichkeiten haben in ihrer Kindheit keine konstruktiven Formen von Abgrenzungs- und Unabhängigkeitsstrebungen entwickeln können und bleiben auch im Erwachsenenalter in einer hochambivalenten Weise an ihre Bezugspersonen gebunden.

Die Folge dieser Entwicklungsbedingungen ist nach dem Modell der *Objektbeziehungstheorie* eine aggressive Aufladung der Selbst- und Objektbilder, wodurch in diesen Persönlichkeiten ein hohes Gewaltpotential entsteht. Für das Verständnis der Patientinnen und Patienten und das therapeutische Vorgehen erscheint es mir von großer Bedeutung, daß wir uns der Tatsache bewußt sind, daß diese Menschen Gewalt nicht nur im innerpsychischen Bereich erlebt haben, sondern Opfer wie Täter in der äußeren Realität waren beziehungsweise immer noch sind.

Ferner finden sich vielfältige *ich-strukturelle Störungen*, etwa in der Realitätsprüfung, der schützenden Schranke gegen übermäßige Reize von außen und innen, in der Abwehr (vor allem Einsatz archaischer Mechanismen wie Spaltung, Verleugnung, Projektion oder projektive Identifizierung, Idealisierung und Entwertung) sowie in der Fähigkeit, anstelle eines impulsiven Handelns Konflikte und (äußere wie innere) Spannungen innerpsychisch zu bewältigen. Die Folge ist eine *mangelhafte Angst- und Spannungstoleranz*, die sich nicht zuletzt auch in suizidalem Verhalten manifestieren kann.

Im Hinblick auf das *Über-Ich* ist für diese Persönlichkeiten eine Dissoziation der verschiedenen Teilstrukturen charakteristisch: Unintegriert stehen ein auf die Erfüllung illusionärer Wünsche ausgerichtetes, oft weit von der Realität entferntes Ich-Ideal und ein aus archaischen Verboten hervorgegangenes, mit aggressiver Energie gespeistes Gewissen (Über-Ich im engeren Sinne) einander gegenüber und übernehmen abwechselnd die Herrschaft. Eine Integration dieser beiden Teilstrukturen ist im Verlaufe der Entwicklung nicht gelungen.

Schließlich treten bei dissozialen Patientinnen und Patienten oft auch erhebliche *narzißtische Störungsanteile* hervor. Ausgeprägte Insuffizienzgefühle einerseits und Omnipotenz- und Grandiositätsvorstellungen andererseits sind charakteristische Merkmale und führen zu vielfältigen sozialen und intrapsychischen Konflikten. Die geschilderte Entwicklung und Struktur entspricht weitgehend der *Borderline-Persönlichkeitsorganisation auf niederem Strukturniveau* (Kernberg 1979).

Hinzu kommen *gravierende Probleme in der sozialen Integration*, wie Mangel an grundlegenden sozialen Kompetenzen, Schwierigkeiten in der Schul- und Berufsausbildung, Etikettierung als »Straffällige« und eine Fülle anderer sekundärer Folgen der dissozialen Fehlentwicklung (Probleme im Bereich von Wohnen und Arbeit, Verschuldung, Partnerkonflikte usw.). Es ist charakteristisch für viele Menschen mit chronisch-dissozialen Fehlentwicklungen, daß bei ihnen die individuelle Psychopathologie aufs engste mit den sozialen Determinanten verwoben ist, unter denen diese Menschen aufgewachsen sind und heute leben, und daß sich diese beiden Faktoren gegenseitig bedingen.

Eine Charakterisierung wie die hier gegebene birgt indes eine große Gefahr in sich: Sie erscheint wie eine Summierung von Defiziten. Eine solche Sicht wäre jedoch aus drei Gründen verhängnisvoll: Zum einen würde sie der realen Situation unserer Patienten nicht gerecht, denn selbst bei schwersten psychopathologischen Zuständen haben wir nie Menschen vor uns, die nur aus »Defiziten« bestehen. Zum anderen müssten wir, wenn wir eine derartige Haltung einnähmen, den Patienten völlig hilflos und resigniert gegenüberstehen und eine wie auch immer geartete Betreuung und Behandlung als »aussichtslos« ablehnen. Zum dritten könnten wir gar nicht mit Menschen arbeiten, bei denen wir uns nicht auf intakte Persönlichkeitsanteile stützen und Ressourcen erschliessen könnten. Mehr noch als andere Patienten fordern uns deshalb Menschen mit dissozialen Manifestationen und schwerwiegenden psychosozialen Problemen (vgl. Rauchfleisch 1996) zu einem radikalen Umdenken heraus, geradezu zu einem Paradigmenwechsel, indem wir nicht mehr in erster Linie von der psychischen und sozialen Pathologie ausgehen dürfen, sondern im Sinne der *Salutogenese* (Hornung 1988; Tress 1986) unser Augenmerk insbesondere auf *die intakten Bereiche und Funktionen und auf die positiven Entwicklungsmöglichkeiten der Klientinnen und Klienten* richten müssen.

Das Inszenieren innerer Konflikte in der Außenwelt, das »Agieren« im weiteren Sinne

Wie aus den entwicklungspsychologischen Ausführungen ersichtlich geworden, haben wir es bei dissozialen Persönlichkeiten mit Menschen zu tun, die auf Grund ihrer (vor allem ich-strukturell bedingten) mangelhaften Angst- und Spannungstoleranz, ihrer geringen Impulskontrolle und ihrer zumeist erheblichen narzißtischen Störungskomponente zu einem mitunter exzessiven Agieren neigen. Gerade dieses Verhalten wirkt auf Psychotherapeutinnen und -therapeuten im allgemeinen ausgesprochen abschreckend. Eine solche negative Haltung den Patienten gegenüber reflektiert zweifellos die tatsächlich bestehenden Schwierigkeiten, mit denen Menschen mit dissozialen Persönlichkeitsstörungen uns durch ihre Neigung zur Externalisierung innerer Konflikte konfrontieren. Zugleich spricht aus den ablehnenden Stellungnahmen aber auch die negative Gegenübertragung, die diese Patienten häufig in den Therapeuten auslösen.

Wollen wir uns therapeutisch unvoreingenommen auf dissoziale Persönlichkeiten einlassen, so ist es von großer Bedeutung, die Dynamik der negativen Gegenübertragung zu reflektieren und aufzuarbeiten. Dies setzt voraus, daß wir uns Gedanken über die Hintergründe der Agierformen machen, mit denen diese Patienten uns in den Behandlungen konfrontieren und zum Teil erheblich belasten. Erst dann ist der Weg frei zu einem für alle Beteiligten konstruktiven Umgang mit diesen Verhaltensweisen.

Zunächst erscheint es mir wichtig, daß wir uns darüber klar sind, daß das Inszenieren innerer Konflikte in der Außenwelt nicht lediglich die Folge mangelnder Triebsteuerung und insuffizienter Kontrollfunktionen darstellt. Zum einen sind es *Erhaltungsmechanismen* im Sinne M. Mahlers (1972), die den Patienten in schwierigsten lebensgeschichtlichen Situationen als Überlebensstrategien gedient haben. Zum anderen erfüllen diese Agierformen aber auch vielfältige Schutz-, Ausdrucks- und Kompensationsfunktionen. Es gilt, sie trotz ihres zum Teil ausgesprochen provokativen Charakters im Sinne des szenischen Verstehens (Lorenzer 1983) als Mitteilung an uns zu dechiffrieren und im »fördernden Dialog« (Leber 1988) in konstruktiver Weise therapeutisch zu beantworten.

Oft stellt das agierende Verhalten eine *»Sonderform der Kommunikations- und Äußerungsweise«* (Sandler et al. 1973; Fenichel 1941; Becker et al. 1978) dar und kann eine wichtige Informationsquelle für den Therapeuten sein. In den Konflikten, in die sich dissoziale Menschen gegenüber ihrer Umgebung bringen, spiegelt sich etwas von dem erbitterten Kampf wider, der in ihnen selbst vor sich geht. So können wir beispielsweise das Ausmaß des intrapsychischen Konflikts, dem der Dissoziale hinsichtlich seiner divergierenden Über-Ich-Anteile ausgesetzt ist (Rauchfleisch 1999), vielleicht überhaupt erst dann annähernd ermessen, wenn wir sein Verhalten gegenüber Über-Ich-Repräsentanten in der Außenwelt (d.h. Menschen gegenüber, auf die Über-Ich-Anteile projiziert werden) erleben.

Das handlungsmäßige Inszenieren innerseelischer Konflikte in der Außenwelt stellt, neben einem gewissen Bedürfnis nach *Selbstbestrafung* (Johnson 1949; Alexander 1930), wohl vor allem den Versuch dar, einer auf andere Art nicht zu bewältigenden *Gefahr psychischer Desintegration zu begegnen*. In einer solchen Situation unternimmt das Ich Anstrengungen, um in der Außenwelt Hilfe zu finden oder sie zu zwingen, ihm in seinem hoffnungslosen Kampf mit den Triebdrohungen beizustehen (Jacobson 1967). Dies erfolgt etwa durch die erwähnte Manipulation von Über-Ich-Trägern mit dem Ziel, daß diese hemmende Über-Ich-Funktionen für den dissozialen Menschen übernehmen. Durch eine Externalisierung des innerpsychischen Konflikts werden den äußeren Objekten Funktionen zugewiesen, die die innere Struktur des Patienten entweder nicht übernehmen kann oder die diese Struktur soweit entlasten, daß ihre Integration gewährleistet bleibt (Rohde-Dachser 1995). Die innere und äußere Welt bleibt für den Dissozialen auf diese Weise trotz allen aus seinem Handeln resultierenden unangenehmen Folgen überschaubar, und er darf sich einigermassen sicher fühlen, da er seine in der Kindheit angeeigneten adaptiven Techniken weiterhin einsetzen kann (Giovacchini 1967).

Das impulsive Handeln hat oft auch die Funktion, dem betreffenden Menschen zur *Validierung seiner Projektionen* zu dienen (Brodey 1965), etwa indem er auf diese Weise Partner oder auch den Therapeuten dahingehend zu manipulieren versucht, daß diese tatsächlich die Rolle eines sadistischen Über-Ich-Anteils übernehmen. Ferner versucht der Dissoziale häufig, mit Hilfe seiner Aktionen *magisch eine Korrektur der ihm unerträglichen Realität vorzunehmen* (Jacobson 1967; Chessick 1972).

Ein weiteres für dissoziale Persönlichkeiten charakteristisches Verhalten betrifft eine *kontraphobische Reaktionsform*, indem diese Menschen handeln, um nicht ihnen unerträglichen Gefühlen ausgeliefert zu sein. Ihre Hauptangst besteht im Erleben von Ohnmachtsgefühlen, die sie durch den Abwehrmechanismus der *Verkehrung ins Gegenteil* abzuwehren versuchen. Das Auftauchen von Gefühlen der Hilflosigkeit führt geradezu reflexhaft zu einer Art »Bewegungssturm«, zu einer Flucht nach vorne in die Aktivität hinein. Man könnte bei dieser Dynamik von einer »Deckabwehr« im Sinne Greensons (1958) sprechen, wobei der zugrundeliegende Angstaffekt und das als vernichtend erlebte Gefühl der Ohnmacht und des Alleingelassenwerdens durch den Wutaffekt und die nach außen sich entladende Aggression überdeckt werden.

Das handlungsmäßige Inszenieren innerseelischer Konflikte in der Außenwelt stellt indes nicht nur ein Ausweichen dar, sondern kann auch als Versuch verstanden werden, auf diese Weise Vorgänge *symbolisch auszudrücken*, die von so zentraler Bedeutung für die Patientinnen und Patienten und immer wieder von so überwältigenden Gefühlen begleitet sind, daß sie sie nicht zu verbalisieren vermögen. In ihrem Handeln artikulieren sie oft präverbale Erfahrungen (Greenacre 1950; Bion 1962; Rosenfeld 1964). Solche Patientinnen und Patienten müssen im Rahmen der Therapie erst zur verbalen Besetzung dieser präverbalen Erlebnisse und Gefühle ermutigt werden, damit dann das strukturiertere Ich zunehmend die Kontrolle über diese Impulse übernehmen kann (Greenacre 1950; Blanck u. Blanck 1978). Oft erscheint das handlungsmäßige Inszenieren, wie es sich in den Beziehungen des dissozialen Menschen zu seinen Partnerinnen und Partnern artikuliert, auch als *Reinszenierung der als enttäuschend erlebten frühkindlichen Situation.* Solche Patientinnen und Patienten konstellieren die Menschen in ihrer Umgebung immer wieder so, daß diese sich ähnlich versagend verhalten wie die frühen Beziehungspersonen. So inszeniert der dissoziale Mensch in jeder Beziehung von neuem das Drama seiner ersten Objektbeziehungen und übernimmt nun als Erwachsener mit Hilfe der Verkehrung ins Gegenteil den – allerdings untauglichen – Versuch, in einer solchen Situation nicht wie ehemals in der Kindheit passiv ausgeliefert zu sein, sondern sie handelnd zu bewältigen.

Zugleich scheint mir bei diesem agierenden Wiederholen aber auch jedes Mal die heimliche Hoffnung des dissozialen Menschen mitzuschwingen, nun endlich doch den »idealen«, empathisch seine Bedürfnisse wahrnehmenden und sie erfüllenden Partner zu finden. Indes übersehen diese Patientinnen und Patienten dabei die Tatsache, daß eben eine solche »ideale« Beziehung von ihnen nicht positiv erlebt werden könnte, sondern in ihnen heftigste Ambivalenzkonflikte auslöste. Insofern liegt im Handeln einerseits eine geradezu zwanghafte Züge annehmende Wiederholung. Andererseits stellt das »prägenitale Agieren« aber auch den Versuch dar, selbständig zu werden und sich aus den alten Verstrickungen zu lösen (Grütter 1968). Die betreffende Persönlichkeit strebt im Handeln allerdings nicht nur eine Rettung der Autonomie an, sondern sucht auch Befriedigung oraler Triebimpulse und eine Reparation narzisstischer Kränkungen.

Ein weiteres Agierfeld betrifft die aus der – zum Teil erheblichen – Selbstdestruktivität der dissozialen Menschen resultierenden *autoaggressiven, vor allem suizidalen Verhaltensweisen.* Man könnte so weit gehen zu sagen, daß im Grunde das ganze Agieren dieser Menschen neben den diskutierten Funktionen immer auch eine selbstdestruktive Komponente enthält, führt es doch zu massiven sozialen Konflikten, die sich letztlich immer negativ für die Dissozialen selbst auswirken. Insofern könnte man sagen, *Dissozialität und Suizidalität* (als Ausdruck der Selbstdestruktivität) seien kein Gegensatzpaar, sondern stellten *zwei Dimensionen des gleichen Phänomens* dar.

Besonders deutlich wird dies beim – mitunter abrupten – *Umschlagen von fremd- in selbstdestruktives Verhalten*, wie wir es gerade bei Menschen mit schweren dissozialen Fehlentwicklungen immer wieder beobachten können. Psychodynamisch lassen sich zwei verschiedene Situationen unterscheiden: Eine für dissoziale Persönlichkeiten mit der für sie typischen starken aggressiven Aufladung ihrer Selbst- und Objektbilder charakteristische Dynamik liegt darin, daß der sich gegen die Außenwelt richtende Aggressionsausbruch den Versuch darstellt, die guten verinnerlichten Partialobjekte vor der Überflutung mit destruktiver Aggression zu schützen. In diesem Falle dient die dissoziale Aktivität der Abfuhr der als gefährlich erlebten aggressiven Impulse und stellt insofern einen Schutzmechanismus dar. Mitunter kommt es geradezu zu einem Oszillieren zwischen Selbst- und Fremddestruktivität, zwischen homizidalen und suizidalen Impulsen, bis hin zu Plänen und Handlungen bezüglich eines erweiterten Suizids.

Eine andersartige Dynamik zeigt sich nicht selten im Verlauf der Psychotherapie. Mit zunehmender Integration des Über-Ichs und verbesserter Ich-Steuerung gelingt es den Patientinnen und Patienten zwar mehr und mehr, ihre aggressiven Impulsdurchbrüche zu kontrollieren. Phasenweise kann es bei der Hemmung der nach außen gerichteten Aggression dann aber unversehens dazu kommen, daß diese Impulse nun mit ihrer ganzen Heftigkeit gegen die eigene Person gerichtet werden. Derartige Aktionen stellen zum Teil unspezifische Formen der Impulsentladung dar. Zum Teil liegt ihnen jedoch auch der von ihren sadistischen Über-Ich-Kernen bestimmte Wunsch nach Selbstbestrafung zugrunde.

Als Therapeutinnen und Therapeuten befinden wir uns oft in einer ausserordentlich schwierigen Situation, wenn die Patientinnen und Patienten *suizidale Verhaltensweisen als manipulative Agierformen* einsetzen. Obwohl nach meiner Beobachtung die meisten Menschen mit dissozialen Fehlentwicklungen zumindest latent suizidal sind, findet sich unter ihnen glücklicherweise nur eine relativ geringe Anzahl mit schwerer Suizidalität und manifesten Suizidhandlungen. Offenbar bieten die dissozialen Aktionen eine ausreichende Möglichkeit zur Aggressionsabfuhr und gewährleisten so viel narzißtische Gratifikation, daß sie vor dem autoplastischen suizidalen Verhalten schützen. In den Fällen jedoch, in denen sich bei den Patientinnen und Patienten, nicht zuletzt im Rahmen unheilvoller Lernprozesse, ein suizidales Verhaltensmuster manipulativer Art eingeschliffen hat, sehen wir uns als Therapeutinnen und Therapeuten mit großen Problemen konfrontiert. Diese Patienten haben es gelernt, wann immer Konflikte auftauchen, mit Suizid und anderen massiven Selbstschädigungen zu drohen. Angesichts solcher sehr ernst gemeinten Drohungen ist es für das Umfeld schwierig, handlungsfähig zu bleiben und sich nicht manipulieren zu lassen. Grenzsetzung, die gerade in dieser Situation mehr denn je erforderlich ist, wird hier zum Balanceakt auf einem schmalen, gefährlichen Grat und stellt uns als Therapeutinnen und Therapeuten oft vor große Gegenübertragungsprobleme.

Eine andere therapeutisch schwierige Dynamik liegt vor, wenn sich bei dissozialen Menschen *suizidale Impulse mit stark narzißtisch aufgeladenen masochistischen Tendenzen* verbinden, wie auch Kernberg (1979) sie beschreibt. Hier wird die Selbstdestruktivität im Dienste eines grandiosen Omnipotenzrausches agiert. Diese Agierform ist deshalb therapeutisch so schwer angehbar, weil sie eine enorme narzißtische Gratifikation mit sich bringt, die angesichts der desolaten innerpsychischen wie sozialen Situation dieser Patientinnen und Patienten für sie von geradezu existentieller Bedeutung ist und ihnen als Schutz vor dem Zusammenbrechen ihres narzißtischen Regulationssysstems dient.

Therapeutische Konsequenzen

Wie eingangs ausgeführt, werden die schweren Agierformen dissozialer Persönlichkeiten von vielen Therapeutinnen und Therapeuten als ein gravierendes Hindernis für eine Psychotherapie angesehen. Tatsächlich ergeben sich daraus mitunter selbst- wie fremdgefährliche Verhaltensweisen, insbesondere wenn sich Agier- und Suizidtendenzen in unheilvoller Weise miteinander verbinden. Dennoch erscheint es mir nicht gerechtfertigt, daraus den Schluß zu ziehen, diese Patientinnen und Patienten seien mit psychoanalytisch orientierten Therapieverfahren nicht behandelbar. Derartige Feststellungen reflektieren nur ein Stückweit die tatsächlich bestehenden Behandlungsprobleme. Den Hauptanteil haben jedoch negative Gegenübertragungsgefühle. Fatalerweise greifen hier die unbewußten Manipulationstendenzen der Patienten (zum Beispiel resultierend aus ihrer negativen Selbstidentität und dem daraus folgenden Wunsch, sich immer wieder in der Rolle des Opfers zu erleben) und die ablehnenden Reaktionen der Therapeuten (die sich durch die Zurückweisung seitens der Patienten narzißtisch gekränkt fühlen) wie Schloß und Schlüssel ineinander. Wollen wir das selbstdestruktive Verhaltensmuster unserer Patienten nicht weiter verfestigen, so gilt es, uns gerade vor einer solchen sadomasochistischen Übertragungs-Gegenübertragungs-Konstellation zu hüten.

Dies ist sicherlich kein leicht zu erreichendes Ziel. Doch gelingt es nach meiner Erfahrung am ehesten, wenn man die beiden folgenden Gesichtspunkte beachtet:

(a) Es hat sich für mich als hilfreich erwiesen, selbst die provokativsten Formen agierenden Verhaltens als ein *Inszenieren innerer Konflikte in der Außenwelt* aufzufassen. Unter Zuhilfenahme des von Lorenzer (1983) beschriebenen Modells des *szenischen Verstehens* versuche ich, die im Agieren liegende Botschaft zu entschlüsseln und darauf im Sinne des *fördernden Dialogs* (Leber 1988) mit einer konstruktiven therapeutischen Antwort zu reagieren.

Diese Antwort kann sehr unterschiedlich aussehen und umfaßt das ganze Spektrum von stark strukturierenden, einschränkenden Maßnahmen bis hin zu totalem Gewährenlassen und erheblichen Modifikationen des therapeutischen Settings. Die Leitlinie, an der ich mich dabei orientiere, ist stets die, nicht auf das vordergründige Verhalten zu reagieren, sondern *das unbewußte Anliegen* der Patientinnen und Patienten in verbaler oder handelnder Form zu *beantworten*. Nach meiner Beobachtung reicht es mitunter aus, wenn ich als Therapeut die im Agieren sich artikulierende unbewußte Botschaft der Patienten dechiffriert habe, und fast schlagartig verschwindet das Agieren, ohne daß ich in irgendeiner Form explizit darauf eingegangen wäre. Manches auch sehr destruktive Verhalten wird von den Patientinnen und Patienten wohl vor allem deshalb so repetitiv und provokativ eingesetzt, weil es uns noch nicht gelungen ist, die eigentlich darin liegende Botschaft zu entschlüsseln.

Es ist für mich insbesondere für die Aufrechterhaltung einer positiven Gegenübertragung hilfreich, wenn ich mir in brisanten Situationen agierenden Verhaltens diesen Mechanismus vor Augen halte und meine Aufmerksamkeit vor allem auf die Botschaft zwischen den Zeilen richte. Dies ist zugegebenermassen gerade dann nicht einfach, wenn das manifeste agierende Verhalten alle unterschwelligen Signale zu übertönen droht. Doch steht und fällt nach meiner Erfahrung der Fortgang der Therapie und eine konstruktive Lösung der brisanten Situation damit, daß wir als Therapeutinnen und Therapeuten so, wie wir es in anderen Behandlungen ja auch tun, auf die hintergründige Botschaft hören. Im Gegensatz zu Therapien mit anderen Patienten müssen respektive dürfen wir bei dissozialen Persönlichkeiten jedoch ein breiteres Spektrum an Antwortformen einsetzen. Wir sind nicht wie im klassisch psychoanalytischen Setting auf die verbalen Interventionsformen von Klärung, Konfrontation und Deutung beschränkt, sondern können und müssen oft auch handlungsmässig intervenieren.

(b) Wenn die Situation auf diese Weise geklärt ist, ist uns eigentlich erst damit die Möglichkeit gegeben, zu entscheiden, ob ein bestimmtes Verhalten wirklich selbst- oder fremdgefährlich ist. Wenn tatsächlich eine manifeste Gefahr für die Patientinnen und Patienten selbst oder für Drittpersonen besteht, hat für mich der *Schutz dieser Personen Vorrang vor allen anderen Maßnahmen. Aber* auch hier steht uns oft ein breiterer Handlungsspielraum zur Verfügung, als wir zunächst denken mögen. Wenn die Gefahr eindeutig ist und sich durch keine anderen Interventionen abwenden läßt, ist eine Hospitalisation der Patienten das Mittel der Wahl. Dabei ist es hilfreich, wenn man diese Möglichkeit schon zu Beginn der Behandlung mit den Patienten bespricht, so daß man sich in der Situation selbst dann auf die früher getroffene Vereinbarung berufen kann. Ideal ist es, wenn man die Behandlung auch im stationären Setting weiterführen oder zumindest das therapeutische Vorgehen mit den Kliniktherapeutinnen und -therapeuten absprechen kann.

In etlichen Situationen sind aber auch Interventionen weniger einschneidender Art durchaus effizient. Sinnvolle Maßnahmen sind beispielsweise die Erhöhung der Stundenfrequenz, die Forderung des Versprechens seitens der Patientinnen und Patienten, sich sofort zu melden, wenn die Selbstschädigungstendenzen überstark werden, oder auch – selbstverständlich – die Forderung an die Patienten, eine in ihrem Besitz befindliche Waffe abzugeben.

Das Gemeinsame aller solchen Maßnahmen ist das *Setzen von Grenzen.* Dabei bedeutet Grenzsetzung im Rahmen einer psychoanalytisch orientierten Psychotherapie für mich nicht, daß ich einschneidende Massnahmen anordne und der Patient sich dabei in der ohnmächtigen Position des zu einem bestimmten Verhalten gezwungenen Opfers fühlt. Ein solches Vorgehen erscheint mir gerade bei den in ihrer Autonomieentwicklung gestörten dissozialen Patienten kontraindiziert, weil es ihre ohnehin brüchige Autonomie noch weiter unterhöhlte und eine neue Verletzung dieser narzißtisch schwerstbeeinträchtigten Patienten bedeutete. Außerdem würden drastische »Strafmaßnahmen« die Gefahr einer sadomasochistischen Uebertragungs-Gegenübertragungs-Konstellation massiv erhöhen und die negative Selbstidentität der Patienten noch verfestigen.

Aus diesen Überlegungen resultiert für mich, *Grenzsetzungen als strukturierende Maßnahmen* zu planen und durchzuführen, wobei ich besonderen Wert darauf lege, diesen Aspekt der Struktur und Orientierung den Patienten einsichtig und verstehbar zu machen. Gewiss läßt sich auch auf diese Weise die Gefahr der negativen Konnotierung der Grenzsetzung nicht ganz vermeiden. Doch gelingt es in vielen Fällen, durch konsequente Bearbeitung der negativen Übertragung, die nicht selten durch die Einführung solcher strukturierender Parameter ausgelöst wird, den Patienten zu vermitteln, daß die Grenzsetzung keine Strafe, sondern eine Hilfe ist, die ihnen Struktur gibt und den Therapieraum schützt. Auf diese Weise kann es auch gelingen, zu verhindern, daß wir Therapeutinnen und Therapeuten in solchen Situationen im Rahmen von Partialobjektübertragungen zu »nur bösen«, verfolgenden Objekten werden, durch die der Patient sich (unter Einsatz des Mechanismus der projektiven Identifizierung) beeinträchtigt fühlt und gegen die er dann seinen ganzen Haß richtet.

Konkret bedeutet dies, den dissozialen Patientinnen und Patienten immer wieder klarzumachen, daß die Grenzsetzung eine Hilfsmaßnahme *unterstützender* Art ist. Nach meiner Erfahrung läßt sich die Akzeptanz am ehesten erreichen, wenn die Patienten bei der Formulierung der Grenzen und bei der Erarbeitung der einzusetzenden Strukturierungsmaßnahmen direkt beteiligt sind. Sie übernehmen damit ein Stück an Selbstverantwortung, und es besteht nur eine geringe Gefahr der beschriebenen negativen Übertragungsentwicklung.

Wichtig ist dabei auch, stets die *aktuelle Angst- und Spannungstoleranz* der Patientinnen und Patienten *zu beachten*. Ihr Aufbegehren gegen die von uns gesetzten Grenzen ist oft vor allem dadurch bedingt, daß wir die Patienten zwar zu unterstützen meinen, sie tatsächlich jedoch überfordern. Es ist nicht zuletzt dies der Grund für meinen Wunsch, die Patienten soweit wie eben möglich an der Entscheidung über die jeweils zu wählenden Strukturierungsmaßnahmen zu beteiligen. Dabei fordere ich sie auf, zu versuchen zu spüren, wie eng oder weit der zu setzende Rahmen sein darf, und die Situation als ein »Experiment« zu betrachten, das wir miteinander unternehmen. Mein – auch den Patientinnen und Patienten gegenüber explizit formuliertes – Ziel ist es, mich an der *oberen* Grenze der derzeitigen Angst- und Spannungstoleranz der Patienten zu bewegen. Auf diese Weise lassen sich Unterforderungen und verwöhnende, regressive Prozesse einleitende Entwicklungen vermeiden, und mitunter zeigen sonst wenig kooperative Patienten plötzlich einen wahren Eifer im Erproben neuer Verhaltensweisen. Dies geschieht typischerweise vor allem dann, wenn sie durch die gemeinsame Arbeit an ganz konkreten Strategien der Grenzsetzung erlebt haben, in welch hohem Maße sie selbstverantwortlich daran beteiligt sind und wie hilfreich ihnen diese strukturgebenden Maßnahmen letztlich sind.

Dennoch kann es in Phasen exzessiven, vor allem sehr selbstdestruktiven Agierens nötig sein, daß wir als Therapeutinnen und Therapeuten Grenzen setzen, die bei den Patienten auf heftige Ablehnung stoßen. Ich gehe in solchen Situationen in der gleichen Art vor wie beschrieben, indem ich den Patienten den strukturierenden Sinn der Maßnahme erkläre sowie durch sorgfältige Beachtung und Bearbeitung negativer Übertragungsentwicklungen das Arbeitsbündnis zu stärken versuche. Trotzdem kann es in solchen Phasen zu heftigen aggressiven Konfrontationen kommen, die mir jedoch keineswegs kontraproduktiv zu sein scheinen. Zum einen zeigen wir den Patienten durch unsere unerschütterliche Haltung, daß Abmachungen Verbindlichkeit besitzen und wir alles in unserer Macht Stehende tun, um den Fortgang der Therapie zu gewährleisten. Zum anderen stellen gerade heftige Konfrontationen insofern eine wichtige Erfahrung für die Patienten dar, als sie durch unsere starke emotionale Beteiligung spüren, daß wir bereit sind, uns mit großem Engagement auf sie einzulassen und mit ihren destruktiven Seiten zu ringen. Wir externalisieren und dualisieren damit den im Inneren der Patienten tobenden Kampf zwischen Liebe und Haß, zwischen guten und bösen Introjekten, und schlagen uns dezidiert auf die Seite der konstruktiven Kräfte. Auf diese Weise werden selbst Grenzsetzungen, die die Patientinnen und Patienten als empfindliche Einschränkungen erleben, für sie zu einer wichtigen Erfahrung.

Literatur

Alexander, F. (1930): The neurotic character. Int. J. Psycho-Anal. 11: 292-311.

Becker, H.; Lüdecke, H. (1978): Erfahrungen mit der stationären Anwendung psychoanalytischer Therapie. Psyche 32: 1-20.

Bion, W.R. (1962): Learning from Experience. London.

Blanck, G.; Blanck, R. (1978): Angewandte Ich-Psychologie. Stuttgart.

Brodey, W. (1965): On the dynamics of narcissism: I. Externalization and early ego development. Psychoanal. Study Child 20: 165-193.

Chessick, R. D. (1972): Externalization and existential anguish in the borderline patient. Arch. Gen. Psychiat. 27: 764-770.

Deutsch, H. (1966): Discussion remarks. In: Rexford, E. (Hg.) (1966), A Developmental Approach to Problems of Acting Out. Monogr. J. Amer. Acad. Child Psychiat., No. 1.

Fenichel, O. (1941): Problems of Psychoanalytic Technique. New York.

Fenichel, O. (1945): Psychoanalytische Neurosenlehre. Olten, Bd. I und II 1975, Bd. III 1977.

Freud, S. (1905): Bruchstück einer Hysterie-Analyse. G. W. Bd. V, S. 161-286.

Freud, S. (1914): Erinnern, Wiederholen und Durcharbeiten. G. W. Bd. X, S. 125-136.

Giovacchini, P. (1967): Frustration and externalization. Psychoanal. Quart. 36: 571-583.

Greenacre, P. (1950): General problems of acting out. Psychoanal. Quart. 19: 455-467.

Greenson, R. R. (1958): On screen defense, screen hunger, and screen identity. J. Amer. Psychoanal. Ass. 6: 242-262.

Greenson, R. R. (1973): Technik und Praxis der Psychonalyse. Stuttgart.

Grütter, E. (1968): Zur Theorie des Agierens. Psyche 22: 582-603.

Hartmann, H. (1972): Ich-Psychologie. Studien zur psychoanalytischen Theorie. Stuttgart.

Hornung, R. (1988): Das psychosoziale Immunsystem. Krankheitsverhinderung und Gesundheitsförderung als Bereich angewandter Sozialpsychologie. Neue Zürcher Zeitung, 30.11.1988.

Jacobson, E. (1967): Psychotischer Konflikt und Realität. Frankfurt a. M., 1972.

Johnson, A. M. (1949): Sanctions for Superego Lacunae of Adolescents. In: Eissler, K. R. (Hg.) (1949), Searchlights of Delinquency. London, S. 225-245.

Kernberg, O. F. (1979): Borderline-Störungen und pathologischer Narzissmus. Frankfurt a. M.

Leber, A. (1988): Zur Begründung des fördernden Dialogs in der psychoanalytischen Heilpädagogik. In: Iben, G. (Hg.), Das Dialogische in der Heilpädagogik. Mainz.

Lorenzer, A. (1983): Sprache, Lebenspraxis und szenisches Verstehen in der psychoanalytischen Therapie. Psyche 37: 97-115.

Mahler, M. S. (1972): Symbiose und Individuation. Bd. 1: Psychosen im frühen Kindesalter. Stuttgart.

Meltzer, D. (1967): The Psycho-Analytical Process. London.

Rauchfleisch, U. (1996): Menschen in psychosozialer Not. Göttingen.

Rauchfleisch, U. (1999): Außenseiter der Gesellschaft. Psychodynamik und Möglichkeiten zur Psychotherapie Straffälliger. Göttingen.

Rohde-Dachser, C. (1995): Das Borderline-Syndrom. Bern, 5. Aufl.

Rosenfeld, H. A. (1964): An Investigation into the Need of Neurotic and Psychotic Patients to Act Out During Analysis. London.

Sandler, J.; Dare, C.; Holder, A. (1973): Die Grundbegriffe der psychoanalytischen Therapie. Stuttgart.

Tress, W. (1986): Das Rätsel der seelischen Gesundheit. Traumatische Kindheit und früher Schutz gegen psychogene Störungen. Göttingen.

Die Autorinnen und Autoren

Margarete Berger, Prof. Dr. med., ist Direktorin der Psychosomatischen Abteilung der Kinderklinik im Universitäts-Krankenhaus Hamburg-Eppendorf.

Benigna Gerisch, Dr. phil., Diplom-Psychologin, ist wissenschaftliche Mitarbeiterin am Therapiezentrum für Suizidgefährdete der Universitätsklinik für Psychiatrie und Psychotherapie in Hamburg.

Tilman Grande, Dr. phil., Diplom-Psychologe, ist wissenschaftlicher Mitarbeiter an der Psychosomatischen Klinik der Universität Heidelberg.

Jürgen Kind, Dr. med., ist Psychoanalytiker in eigener Praxis in Göttingen.

Rolf Klüwer, Dr. phil., ist Psychoanalytiker in eigener Praxis in Frankfurt a. M.

Udo Rauchfleisch, Prof. Dr. rer. nat., ist Professor für Klinische Psychologie an der Universität Basel und arbeitet nach langjähriger Tätigkeit an der Psychiatrischen Universitätsklinik Basel jetzt in eigener Praxis in Binningen/Schweiz.

Christa Rohde-Dachser, Prof. Dr. biol. hum., Soziologin und Psychoanalytikerin, ist Professorin am Institut für Psychoanalyse der Universität Frankfurt a. M.

Wenn Sie weiterlesen möchten ...

Georg Fiedler / Reinhard Lindner (Hg.)

So hab ich doch was in mir, das Gefahr bringt

Perspektiven suizidalen Erlebens

Suizidales Erleben und Suizidversuche sind meist Ausdruck der Zuspitzung einer seelischen Krise, in der die Patienten hoffnungslos und verzweifelt sind und ihre Situation als ausweglos erleben. Belastende äußere Anlässe aktualisieren unerträgliche und nicht aushaltbare Gefühle. In der Beziehung zum Psychotherapeuten wiederholt sich in der Regel die Beziehungsdynamik, die zur Suizidalität führte. Diese innere Dynamik gilt es im inneren Erleben des Patienten, in seiner Biographie und in der aktuellen therapeutischen Beziehung zu verstehen.

Aus unterschiedlichen psychoanalytischen Perspektiven beleuchten die Autorinnen und Autoren Aspekte suizidalen Erlebens und Verhaltens. Anhand von Fallvignetten werden die theoretischen Ansätze in der psychotherapeutischen Anwendung illustriert.

Jürgen Kind

Suizidal

Die Psychoökonomie einer Suche

Äußerungen von Selbsttötungstendenzen sollen nicht als Zeichen eines Zusammenbruchs verstanden werden, sie sind vielmehr äußerste psychische Leistungen. Zwei wesentliche Funktionen hat Suizidalität: Objektsicherung und Objektänderung.

Jürgen Kind erschließt ein neues, umfassendes Verständnis von suizidalen Patienten und der Botschaft ihres Verhaltens. So wird eine Arbeitsbeziehung möglich, in der suizidale Tendenzen zurückfinden zur Kommunikation.

Israel Orbach

Kinder, die nicht leben wollen

Häufiger noch als bislang angenommen, versuchen Kinder, ihr Leben zu beenden. Es handelt sich dabei nur in seltenen Fällen um unvorhersehbare Unglücksfälle oder spontane Reaktionen auf ein bedrückendes Erlebnis. Die Kinder wissen vielmehr genau, was sie nicht mehr ertragen können; sie suchen den Tod, *weil* sie wissen, was er bedeutet. Die Tat ist der katastrophale Endpunkt eines langen Prozesses, der früh in der Familie angelegt ist und die Kinder in ein unlösbares Dilemma bringt.
Israel Orbach zeigt auf der Grundlage breiter klinischer Erfahrungen die typischen Entwicklungswege hin zum Kinderselbstmord, er nennt die Anzeichen der Gefährdung und führt genaue therapeutische Konzepte aus, wie den Kindern aus ihrer tödlichen Ausweglosigkeit geholfen werden kann.

Regula Freytag / Michael Witte (Hg.)

Wohin in der Krise?

Orte der Suizidprävention

Nicht in jedem Fall läßt sich ein Suizid verhindern – das wäre eine Illusion –, doch läßt sich im Einzelfall durchaus erreichen, daß die Betroffenen sich nicht „das Leben nehmen", indem sie es zerstören, sondern indem sie die Umkehrung schaffen und das Leben in die eigenen Hände nehmen. Diese Form der Krisenbewältigung ist nur möglich in einem Dialog mit anderen Menschen.

Wirkungsvolle Krisenintervention und damit auch Suizidprävention brauchen nicht nur geeignete Orte, sondern diese bedürfen auch spezifischer Strukturen, Methoden und Modelle. Viele Einrichtungen könnten Krisenintervention und Suizidprävention noch besser in ihr Angebot einbeziehen.

Thomas Giernalczyk / Regula Freytag (Hg.)

Qualitätsmanagement von Krisenintervention und Suizidprävention

Mitarbeiterinnen und Mitarbeiter psychosozialer und medizinischer Einrichtungen setzen sich immer mehr mit den Fragen auseinander, wie effektiv ihre Arbeit ist und ob ihre Arbeit wirklich die angestrebten Ziele erreicht.
Das Buch führt dazu anschaulich in die Grundbegriffe von Qualitätsmanagement und seinen gesellschaftlichen Rahmenbedingungen ein.

Im Anhang des Buches finden sich die kompletten Leitlinien der Deutschen Gesellschaft für Suizidprävention (DGS) zur Organisation von Krisenintervention mit ihren vielfältigen Anregungen für die Praxis.

Ralf Jerneizig / Arnold Langenmayr / Ulrich Schubert

Leitfaden zur Trauertherapie und Trauerberatung

Das medizinische Personal wird täglich mit dem Bedürfnis nach professioneller Hilfe konfrontiert, nach Beratung und oft auch nach Trauertherapie, aber es ist in seiner Ausbildung nicht darauf vorbereitet.

Dieser Leitfaden ist eine Einführung in die *Arbeit mit Trauernden*. Nach einem kurzen Überblick über die Psychologie der Trauer und bereits bestehende Interventionsformen bei problematischen Trauerverläufen wird das Konzept der *Essener Trauertherapie* vorgestellt.
Der Schwerpunkt liegt auf der praxisnahen Darstellung erprobter Interventionen, die eigens für die besonderen Bedürfnsse und Probleme Trauernder entwickelt wurden.